Du hast das Wort,
Schätzchen!

RITA MIELKE

Du hast das Wort, Schätzchen!

100 CHARMANTE GESCHICHTEN
RUND UM DIE SPRACHE

Die **DUDEN-SPRACHBERATUNG** beantwortet Ihre Fragen
zu Rechtschreibung, Zeichensetzung, Grammatik u. Ä.
montags bis freitags zwischen 9:00 und 17:00 Uhr.
Aus Deutschland: **09001 870098** (1,99 € pro Minute aus dem Festnetz)
Aus Österreich: **0900 844144** (1,80 € pro Minute aus dem Festnetz)
Aus der Schweiz: **0900 383360** (3,13 CHF pro Minute aus dem Festnetz)
Die Tarife für Anrufe aus den Mobilfunknetzen können davon abweichen.
Den kostenlosen Newsletter der Duden-Sprachberatung können Sie
unter www.duden.de/newsletter abonnieren.

Bibliografische Information der Deutschen Nationalbibliothek
Die Deutsche Nationalbibliothek verzeichnet diese Publikation in der
Deutschen Nationalbibliografie; detaillierte bibliografische Daten
sind im Internet über http://dnb.dnb.de abrufbar.

Es wurde größte Sorgfalt darauf verwendet, dass die in diesem Werk gemachten
Angaben korrekt sind und dem derzeitigen Wissensstand entsprechen. Für dennoch
wider Erwarten im Werk auftretende Fehler übernehmen Autorin, Redaktion
und Verlag keine Verantwortung und keine daraus folgende oder sonstige Haftung.

REDAKTION Iris Glahn, Juliane von Laffert
TEXTE identisch mit »Der phänomenale Sprachfragenbeantworter«, Duden 2014
ILLUSTRATIONEN © Iris Luckhaus | www.irisluckhaus.de

HERSTELLUNG Maike Häßler
LAYOUT Selina Bauer, Berlin
SATZ Sigrid Hecker, Mannheim
UMSCHLAGGESTALTUNG Groothuis, Hamburg
UMSCHLAGABBILDUNG Iris Luckhaus
DRUCK UND BINDUNG Heenemann GmbH & Co. KG
Bessemerstraße 83–91, 12103 Berlin

Printed in Germany
ISBN 978-3-411-75698-8
www.duden.de

Inhalt

Sie haben das Wort!

*H*eißt es nun »gesendet« oder »gesandt«? Und wie verwendet man eigentlich den Gedankenstrich? Glücklicherweise geht es in der Sprache nicht nur um richtig oder falsch. Ob Redensarten, Etymologisches oder Typografisches, historische Wortschätze oder aktuelle Kultwörter: Die Welt der Sprache steckt voller Geschichten.

Schon ein kurzer Blick hinter die Kulissen des gesprochenen und geschriebenen Wortes eröffnet faszinierende Einblicke: Haben Sie sich schon einmal gefragt, weshalb das Fragezeichen wie ein Fragezeichen aussieht, wie die Brille zu ihrem Namen und das Alphabet im Deutschen zu einem zusätzlichen Buchstaben (»ß«) gekommen ist? Weshalb wir etwas »durch die Blume« sagen und ob das Fenster – korrekt gesprochen – nun »auf« oder »offen« steht?

Auf 100 solcher Fragen gibt dieses Buch 100 Antworten, mal augenzwinkernd, mal mit grammatikalischem Ernst, mal mit historischen Schlenkern und mal mit dem Blick auf aktuelle, dem Digitalzeitalter zu verdankende Veränderungen. Sie werden spannende Geschichten über die Herkunft von Wörtern lesen oder überraschende Erklärungen für erstaunliche Sprachphänomene finden und dabei den Charme der deutschen Sprache neu entdecken. Sie werden merken, dass sie kein starres Gebilde ist, sondern ein lebendiges Kommunikationsmittel, das durch die Menschen lebt, die sie verwenden. Also auch durch Sie.

Ihre Rita Mielke

Sprachbilder

□

Wann macht man »drei Kreuze«

UND WARUM HATTE DAS MIT KÜSSCHEN FRÜHER WENIG ZU TUN?

Im Christentum hat die Dreizahl eine hohe Bedeutung. An die Dreifaltigkeit von Vater, Sohn und Heiligem Geist erinnern nach christlicher Überlieferung die drei kleinen Kreuzzeichen, die mit dem rechten Daumen auf Stirn, Mund und Herz gezeichnet werden und eine besondere Segensform darstellen. In viele magische und abergläubische Rituale haben die drei Kreuzzeichen Eingang gefunden, als Schutzzeichen vor besonderen Gefahren oder nach deren erfolgreicher Bewältigung gleichsam zum Dank. Auf diese Weise haben sie sich im Lauf der Jahrhunderte aus dem kirchlich-sakralen Raum heraus- und in den Alltag, auch den der Sprache, hineinbegeben. So konnte sich die Redensart »drei Kreuze machen« entwickeln, die immer dann gebraucht wird, wenn man etwas Leidiges hinter sich gebracht oder eine unangenehme Situation überstanden hat: »Wenn ich die Probezeit endlich absolviert habe, mache ich drei Kreuze.«

Aus Zeiten, in denen noch längst nicht alle Menschen des Schreibens mächtig waren, stammen die »drei Kreuzchen«, die die in der Antike gebräuchlichen Daumenabdrücke als »Unterschrift« ablösten. Eine eigenhändige Unterschrift bedeutete demgegenüber einen gewaltigen Fortschritt – nicht zuletzt, weil sie allgemeine Schreibkompetenzen voraussetzte. Juristisch haben »drei Kreuze« unter einem offiziellen Dokument lediglich den Status eines »Handzeichens«: Sie besitzen damit keine Gültigkeit und bedürfen einer zusätzlichen notariellen Beglaubigung.

Völlig ohne notarielle Beglaubigung kommen dagegen die aus dem Amerikanischen kommenden und in modernen Kurznachrichten beliebten »X« aus: Sie stehen dort für »Küsse« und werden gern mit einem Kreis – »O« – komplettiert, der dann für eine herzliche Umarmung steht.

Wie wurde aus der Frau ein »Frauenzimmer«

UND WARUM IST FÜR SIE IM HERRENZIMMER KEIN PLATZ?

***

*D*as klassische Herrenzimmer ist englisch möbliert, mit komfortablen Leder-Klubsesseln, einem kostbaren Perserteppich auf dem Boden, ein paar Jagdtrophäen an den Wänden. Was aussieht wie aus einem Roman von Jane Austen oder Charlotte Brontë, erfreut sich in gewissen gesellschaftlichen

Kreisen auch heute noch großer Beliebtheit. Es ist das Refugium der Männer, jener Raum, in den sie sich mit Kognak und Zigarre zurückziehen können, wenn sie einmal ungestört und ganz »unter sich« sein wollen.

Und die Frauenzimmer? Laufen auf zwei Beinen durchs ganze Haus – und sind heilfroh, dass die Zeiten, in denen ein Frauenzimmer tatsächlich noch ein Zimmer für die Frau meinte, schon lange vorbei sind. Das »vrouwenzimmer« bezeichnete im Spätmittelhochdeutschen die der adligen Herrin der Burg oder des Schlosses vorbehaltenen Gemächer. Von dieser räumlichen Beschreibung erfolgte dann ein Bedeutungswandel und eine Übertragung auf das weibliche Gefolge: die »vrouwe« und ihre »vrouwenzimmer«. Im nächsten Schritt dann war das »Frauenzimmer« nur noch eine einzelne Frau, über die eher abschätzig gedacht und geredet wurde.

Metonymie heißt der sprachwissenschaftliche Fachterminus für eine solche Bedeutungsverschiebung, die aus dem Bedürfnis zu erklären ist, Sprache bildhaft und anschaulich zu machen. Im Fall der »Frauenzimmer« wird ein Raum zur Bezeichnung für diejenigen, die darin leben oder arbeiten. Im Fall der »Kirche« beispielsweise wird der Begriff für das Gebäude zur Bezeichnung für die Glaubensgemeinschaft. Ähnlich auch das Beispiel des »Lehrstuhls«: Von dem Möbelstück ist hier die Übertragung auf die zu einem Hochschulinstitut gehörenden Professoren erfolgt – wobei sich darunter zuweilen durchaus auch »Frauenzimmer« finden lassen!

Woher kommen »Kohle«, »Knete«, »Kies«

UND WESHALB SOLL MAN ÜBER GELD EIGENTLICH NICHT SPRECHEN?

---

*B*ei einer von der Gesellschaft für deutsche Sprache gestellten Preisaufgabe sollten vor einigen Jahren umschreibende Begriffe für das Wort Geld eingereicht werden. Mehr als 300 verschiedene Wörter kamen dabei zusammen, eine Reihe davon eher regional verortet, viele im Umgangssprachlichen beheimatet: Von »A« wie »Asche« bis »Z« wie »Zaster« reicht diese Liste, zu der auch »Flöhe«, »Kröten« und »Mäuse« ebenso wie »Kohle«, »Moneten«, »Piepen oder »Penunzen« gehören.

Viele dieser Begriffe haben ihren Ursprung im Hebräischen: »Moos« kommt von »ma'oth« (Kleingeld). »Pinkepinke« leitet sich von »pinka« (Geldbeutel) her. »Kies« hat seinen Ursprung im hebräischen »kis«. Kurios ist die volksetymologische Herleitung des Begriffs »Schotter« für Geld: Sie basiert auf der Vorstellung, dass »Kies« sich von dem Wort für eine von kleinen Steinen durchsetzte Sandmasse herleite. Dafür ist im Deutschen auch der Begriff »Schotter« gebräuchlich. Und so wurde aus dem Geld »Kies« und aus dem »Kies« »Schotter«. Im Fall von »Kohle« gilt eine Herleitung über die Redensart »der Schornstein muss rauchen« als wahrscheinlich.

Bleibt die Frage, weshalb es überhaupt eine solche Vielzahl von bildhaften Begriffen für »Geld« gibt. Hier hilft die Redensart »Über Geld spricht man nicht« weiter – und die Erinnerung daran, dass schon in der Bibel der »Mammon« einen schlechten Ruf hatte. Im Drama »Jedermann« tritt der »Mammon« personifiziert auf, ein Dämon, der die Menschen zum Schlechten verführt. Geld war zu allen Zeiten ein hoch emotional – und zumeist negativ – besetztes Thema. Wer es hatte, schwieg lieber, um nicht Neid und Missgunst zu wecken; wer keins hatte, schwieg auch, aus Scham. Wenn sich das Reden über Geld aber nicht vermeiden ließ, waren »Verkleidungen« von großem Vorteil: So kam das Geld zu seinen vielen Umschreibungen.

Woher stammen die »Kümmeltürken«

UND WAS HABEN DIE HALLENSER STUDENTEN DAMIT ZU TUN?

In Zeiten von Political Correctness ist es ein absolutes No-Go, jemanden, welcher Herkunft auch immer, als »Kümmeltürke« zu beschimpfen. Selbst in Berlin, wo entsprechende Vergleiche (»Der kann schuften wie ein Kümmeltürke«) durchaus positiv gemeint sind, lässt sich die im Wort enthaltene unterschwellige Diskriminierung nicht bestreiten. Aber zuweilen tun wir im Übereifer ja auch ein bisschen zu viel des Guten. Denn schon ein kurzer Blick in die Wortgeschichte würde uns belehren, dass die Heimat der »Kümmeltürken« keineswegs die Türkei ist, zumindest nicht jenes Land im Südosten Europas.

Vielmehr gab es Zeiten, in denen man hierzulande das Wort »Türkei« ähnlich wie heute »Walachei« als Synonym für eine besonders öde, trostlose Gegend verwendete. Rund um Halle lag eine solche »Türkei«, eine »Kümmel-Türkei«, denn dort lag ein Schwerpunkt der landwirtschaftlichen Produktion auf eben jenem Gewürz. Ende des 18. Jahrhunderts bildete sich der Ausdruck »Kümmeltürke« als Bezeichnung für Studenten aus, die aus dem Umland nach Halle an die Universität kamen. Es mag der ihren Kleidern anhaftende eindringliche Geruch gewesen sein, der zur Namensgebung führte. Überliefert ist auch, dass diese Studenten von ihren Familien mit allem versorgt wurden, was sie zum Leben benötigten – inklusive Kümmel, selbstverständlich. Diese Studenten galten als besonders fleißige Arbeiter – und erklären damit die positive Assoziation, die der »Kümmeltürke« bis heute im Berliner Jargon hat.

Gänzlich anderen Ursprung hat das Verb »türken« im Sinne von »etwas vortäuschen« oder »manipulieren«. Hier haben Sprachforscher viele mögliche Wurzeln freigelegt: Eine der ältesten reicht bis ins 16. Jahrhundert zurück, wo ein »turk« eine Art Pappkamerad war, der beim Militär zu (Schieß-)Übungszwecken eingesetzt wurde.

Was hat jemand, der eine »Macke« oder »Meise« hat,

UND WESHALB TUT DAS IM ZWEIFEL NIEMANDEM WEH?

Wie gehen wir mit Menschen um, die anders sind? An dieser Frage – und den Antworten darauf – lässt sich eine Menge ablesen über den Zustand einer Gesellschaft, über ihre Toleranz, ihre (Selbst-)Reflexion, ihren Kleingeist oder ihre Souveränität. Dabei ist grundsätzlich zu klären, was denn Anderssein überhaupt bedeutet und was, im Gegenzug dazu, als »normal« deklariert wird. Hier gingen zu allen Zeiten, das hat die Geschichte der Menschheit nachhaltig demonstriert, die Vorstellungen und Anschauungen weit auseinander.

Ob jemand ganz oder ein bisschen verrückt ist, liebenswerte Ticks, wie wir heute sagen, oder anstrengende Marotten hat, dafür lassen sich haufenweise bildhaft umschreibende Wörter und Wendungen finden: Bei dem einen »piept es«; ein anderer hat »einen an der Waffel«, bei einer dritten ist »eine Schraube locker« oder sie hat einen »Vogel« und vielleicht sogar »einen Sprung in der Schüssel«. Wie viel freundlicher und liebenswürdiger klingt das im Zweifel, als von jemandem platt zu behaupten, er sei »verrückt«? Viele dieser bildhaften Ausdrücke sind selbsterklärend.

Die Redewendung, dass jemand eine Macke hat, lässt sich sprachgeschichtlich ins Jiddische zurückverfolgen: Dort waren die »macken« Fehler oder Gebrechen – und so wurde das Wort auch weiterhin verwendet. Besonders kurios ist die Herleitung des Begriffs »eine Meise (unterm Pony) haben«. Hier artikuliert sich der uralte Volksglaube, nach dem bei geistesgestörten Menschen nistende Tiere im Kopf als Krankheitsauslöser vermutet wurden. Der gleichen Vorstellungswelt ist die Redensart

»bei dir piept's wohl« zuzuordnen. Und wenn wir im Eifer des Gefechts den Finger an die Stirn heben und jemandem »einen Vogel zeigen«, gehört auch diese Geste in denselben Kontext.

Woher kommt der Ausdruck »Missionarsstellung«

UND WARUM SIND MISSIONARE GAR KEINE LANGWEILER?

Im Jahr 2012 veröffentlichte der Wiener Autor Wolf Haas seinen Roman »Verteidigung der Missionarsstellung«. Haas ist promovierter Linguist und lädt seine Leser zu raffiniert-vergnüglichen Feldforschungen im Reich der Sprache ein. Der Titel des Buches ist der Zeile eines zum Roman gehörenden Gedichts entnommen, das Bezug darauf nimmt, weshalb die herkömmlichste aller sexuellen Praktiken einen so schillernden Namen trägt. Wortgeschichte, so zeigt dieses Beispiel, kann durchaus auch erotisch sein – und amüsant gleichermaßen!

In den 1960er-Jahren – als Sexualität als öffentliches Thema erstmals aus der Tabuzone geholt wurde – tritt auch das Wort »Missionarsstellung« zum ersten Mal ins Licht der Öffentlichkeit, zunächst im englischsprachigen Raum, von dort aus aber mit Schallgeschwindigkeit in zahllosen anderen Sprachen. Und mit dem Wort erobert auch die Wortgeschichte die Welt: Deren Wurzeln reichen – angeblich – tief in ein exotisches Irgendwo zwischen Polynesien oder Melanesien zurück, wo lustfrohe und in abwechslungsreichen Beischlafvarianten geübte Wilde sich über die allzu »brave« Frau-unten-Mann-oben-Variante amüsieren, die ihnen von frommen Missionaren als gottgefällig angepriesen wird.

Inzwischen ist hinlänglich nachgewiesen, dass es sich bei dieser Wortgeschichte um eine Legende handelt, die zwar klug ausgedacht, aber eben leider erfunden ist. Es ist ein grandioses Beispiel dafür, wie sich mit geschickter Verknüpfung von Klischees – hier das Image der prüden, lustfeindlichen Kirchenmänner auf der einen und der von allen Ge- und Verboten unabhängigen »Wilden« auf der anderen Seite – perfekte Wortgeschichts-Klitterung betreiben lässt. Das Wort, so wissen wir heute, wurde nach dem Zweiten Weltkrieg von dem amerikanischen Sexualforscher Alfred Kinsey kreiert.

Wann ist etwas »nullachtfünfzehn«

UND WAS HAT DER ERSTE WELTKRIEG DAMIT ZU TUN?

Übersetzen ist zuweilen ein ausgesprochen schwieriges Geschäft. Wie soll ein Engländer einem Deutschen klarmachen, was es bedeutet, wenn ein Geschäft oder ein Restaurant »run of the mill« sind? Und wie soll ein Deutscher einem Engländer erklären, dass die ideale – weil ebenfalls umgangssprachliche – Übersetzung dafür »nullachtfünfzehn« wäre? Im einen wie im andern Fall geht es darum, etwas zu bezeichnen, das total durchschnittlich, gewöhnlich, belanglos ist und daher keiner besonderen Beachtung bedarf. Im Gegensatz zum Engländer hat der Deutsche in diesem Fall allerdings einen Vorteil, denn er kann die Ziffernfolge zumindest herleiten.

»0815« ist militärgeschichtlich die Typenbezeichnung für ein Maschinengewehr, das im 1. Weltkrieg erstmals zum Einsatz kam und vereinzelt auch noch im 2. Weltkrieg benutzt wurde. Dafür, wie von dieser Waffenbezeichnung die Brücke zur bis heute gebräuchlichen Redewendung geschlagen werden kann, gibt es unterschiedliche Interpretationen: Im einen Fall wird darauf verwiesen, dass die Soldaten an der MG 08/15 lange, monotone Übungen absolvieren mussten, die schnell in Routine ausarteten und vielen daher bedeutungslos erschienen. Eine andere Deutung sieht den Ursprung der Redensart darin, dass die MG 08/15 die erste einheitlich im gesamten Deutschen Reich eingesetzte Waffe war – was nicht zuletzt Reparaturen und Ersatzteillieferungen erheblich vereinfachte. In einer dritten Version wird den Soldaten des 1. Weltkriegs der Spruch »Die Waffe ist 08/15« in den Mund gelegt, mit dem sie sich abfällig über die im Verlauf des Krieges immer schlechter werdende Qualität der Waffe äußerten. Zur Popularität der Bezeichnung hat nach dem Ende des 2. Weltkriegs die Bestseller-Romantrilogie von Hans Hellmut Kirst beigetragen (»0815 in der Kaserne«, »0815 im Krieg«, »0815 bis zum Ende«).

Was sind »Potemkinsche Dörfer«

UND WESHALB SIND SIE VIEL BESSER ALS IHR RUF?

———

Zuweilen lädt Sprache zum Reisen ein. In den Süden Russlands führt die Suche nach Spuren der Potemkinschen Dörfer – und zurück in eine Zeit, als Prinzessin Sophie von Anhalt-Zerbst als russische Zarin Katharina II. ein Reich regierte, das sie zu nie da gewesenen Ausmaßen vergrößerte. Katharina gilt als Regentin, die durchaus für die eine oder andere Affäre zu haben war. Einer der Männer, die in ihrer Gunst ganz oben standen, war der russische Fürst Grigori Alexandrowitsch Potemkin. Die Legende will nun wissen, dass der Fürst seine Herzensdame auf einer Reise in den Süden Russlands beeindrucken wollte. Dies tat er, indem er allerschönste Attrappen errichten ließ, die der vorbeireisenden Zarin das Bild blühender Landschaften und prosperierender Ortschaften vermitteln sollte. Seitdem sind Potemkische Dörfer ein Synonym für Lug und Trug, für mehr oder weniger grandios errichtete Luftschlösser, die sich bei genauer Betrachtung in Luft auflösen. So weit – so gut!

Nur leider hat die Geschichte einen erheblichen Schönheitsfehler, wie Historiker inzwischen hinlänglich nachweisen konnten. Denn Potemkin war keineswegs der Scharlatan, als der er in die Sprachgeschichte eingegangen ist. Die Wahrheit ist eine andere – und sie wirft kein allzu gutes Licht auf die Spezies Mensch: Das Gerücht, dass es die Potemkinschen Dörfer überhaupt nicht gebe, dass sie vielmehr nur Attrappen seien, war nämlich von Männern in die Welt gesetzt worden, die Potemkin nicht unbedingt wohlgesinnt waren. Und da die Zarin und ihre Liebschaften überall in Europa einen beliebten Stoff für Klatsch und Tratsch darstellten, dauerte es nicht lange, bis die – vermeintliche – Mär von den – ebenfalls vermeintlichen – Potemkinschen Dörfern sich über ganz Europa verbreitet und in der deutschen Sprache zumindest einen festen Platz erobert hatte.

Wann ist »Saure-Gurken-Zeit«

UND WARUM IST DARAN DIE SOMMERHITZE SCHULD?

Was macht eine Spreewälder Gurke zu einer Spreewälder Gurke? Dass sie sauer eingelegt ist, nach einer ganz besonderen, unverwechselbaren Rezeptur, die schon bei Theodor Fontane auf höchstes kulinarisches Lob stieß. Gurken sauer einzulegen, war eine frühe Methode der Konservierung, mit der die Fülle des Sommers in den kulinarisch eher kargen Winter gerettet werden konnte.

Die ersten frisch eingelegten Spreewälder Gurken des Jahres kamen meist im Sommer nach Berlin. Allerdings war der Zeitpunkt ihres Verkaufs eher ungünstig, fiel er doch just in jene Zeit, in der unter den Kaufleuten Heulen und Zähneklappern darüber herrschte, wie schlecht die Geschäfte angesichts von Hitze und allgemeiner Urlaubszeit liefen.

Von den jammernden Geschäftsleuten übertrug sich der Begriff später auf die stöhnenden Journalisten, denen in der Hoch-Zeit des Sommers, wenn das politische ebenso wie das gesellschaftliche Leben ruhte, die Schlagzeilen und Nachrichten für ihre täglich zu füllenden Zeitungsseiten ausgingen. Später wurde dann die Bezeichnung »Sommerloch« für diesen Zustand gängiger.

Dass der Begriff möglicherweise durch ein Missverständnis im wahrsten Sinn des Wortes zu erklären sein könnte, ist eine Erkenntnis erst der jüngeren Zeit. Danach wäre die »Sauregurkenzeit« (auch in dieser Schreibweise üblich) etymologisch auf eine jiddisch-rotwelsche Redensart zurückzuführen, die überhaupt nichts mit sauren Gurken zu tun hatte: Denn die »Zores- und Jokresszeit« (von hebräisch »zará/zarót« = Not, Bedrängnis, Sorgen und »jakrút« = Preisanstieg, Teuerung) bezeichnete eine Phase der Leiden und der Teuerung, eine Zeit, in der jüdische Kaufleute sich um die anstehenden Preise und Teuerungen sorgten.

Was ist eine »Schnapsdrossel«

UND WESHALB GEHÖRT SIE NICHT INS REICH DER TIERE?

Tiere sind immer für eine Überraschung gut. Denn auch unter ihnen – wie unter den Menschen – gibt es zahlreiche seltsame Vögel. So mehren sich die Hinweise darauf, dass auch manche Tiere gern dem Alkohol zusprechen und sich mit voller Absicht den einen oder anderen Rausch genehmigen. In der Slowakei berauschen sich Braunbären vor der kalten Jahreszeit gern mit großen Mengen Fallobst-Äpfeln, die vergoren und damit alkoholhaltig sind. Igel bedienen sich nachweislich mit Methode der in Gärten aufgestellten Bier-Schneckenfallen und genehmigen sich das eine oder andere Gläschen. Und Papageien in Australien scheinen längst die rauschhafte Wirkung vergorener Beeren zu kennen und diese systematisch immer wieder herbeizuführen.

Von den »Schluckspechten« im Tierreich zu den »Schnapsdrosseln« unter den Menschen, die gern, regelmäßig und im Übermaß Alkohol konsumieren, scheint der Sprach-Weg nicht weit. Und doch ist die Herleitung in diesem Fall falsch. Denn mit der »Drossel« ist hier nicht der gleichnamige Vogel gemeint. Vielmehr geht es um jenen menschlichen Körperteil, an dem sich ein Gewalttäter mit Tötungsabsicht zu schaffen macht: Wenn er einen Menschen »er-drosselt«, drückt er ihm die Kehle zu. »Drossel« hatte bis weit ins 19. Jahrhundert die Bedeutung von »Kehle«. Und »Schnaps« meint in diesem Kontext auch nicht den hochprozentigen Alkohol, sondern leitet sich aus dem niederdeutschen »Snaps« her, das im Sinne von »schneller Schluck« gebräuchlich war – ähnlich wie heute noch in der Formulierung »nach Luft schnappen«. »Schnapsdrosseln« sind damit eine rein menschliche Spezies – es sei denn, man wollte die slowakischen Braunbären, die heimischen Igel und die australischen Papageien auch als solche titulieren.

Was versteht man unter einem »Treppenwitz«

UND WELCHE ROLLE SPIELT DAS SCHICKSAL DABEI?

Es lässt sich nicht bestreiten, dass zuweilen das sprachliche Original einfach schöner, klangvoller, eleganter klingt als die Übersetzung. Welch wunderbare laut- und bildmalerische Qualität hat doch der französische Begriff »l'esprit de l'escalier«! Und wie polternd kommt demgegenüber das deutsche Wort »Treppenwitz« daher! Die französische Formulierung, die keinem Geringeren als dem Philosophen Denis Diderot zugeschrieben wird, steht für einen interessanten Gedanken, ein

Argument, einen Vorschlag, der jemandem zu spät, nämlich erst im Nachgang zu einem Gespräch, sozusagen im Weggehen auf den Treppenstufen, einfällt.

Der deutsche »Treppenwitz« lässt sich als Redewendung schon Anfang des 19. Jahrhunderts nachweisen. Populär wurde er allerdings erst 1882 durch ein Buch mit dem Titel »Der Treppenwitz der Weltgeschichte«. Dessen Verfasser war der Bankier und Schriftsteller William Lewis Hertslet, der auch bei den »Geflügelten Worten« Georg Büchmanns mitgewirkt hatte. Seit Hertslet haben die »Treppenwitze« überwiegend eine historische Dimension, nehmen Bezug auf geschichtliche Ereignisse bzw. auf deren Umdeutung zu Gefälligkeitsgeschichten, die sich anekdotischer und sinnfälliger erzählen lassen als nüchterne Fakten.

Heute steht der »Treppenwitz der Geschichte« häufig synonym für »Ironie des Schicksals« und wird immer dann zitiert, wenn es um gesellschaftliche oder politische Prozesse geht, die in der Rückschau ihre geradezu absurden Qualitäten zu erkennen geben: Als ein solcher »Treppenwitz« könnte die spanische »Doppel-Abdankung« 2014 in die Geschichte eingehen: Bei der Fußball-WM 2014 scheiterten die amtierenden spanischen Weltmeister schon in der Vorrunde – und das nahezu zeitgleich mit dem Rücktritt des spanischen Königs.

Woher kommt das Verb »verballhornen«

UND WARUM KONNTE HERR BALLHORN GAR NICHTS DAFÜR?

Kabarettisten und Comedians lieben das Spiel mit der Sprache. Wenn aus »zum Beispiel« »zum Bleistift«, aus »aller guten Dinge sind drei« »aller guten Kinder sind drei« und aus »traurig aber wahr« »Trauring aber wahr« wird, haben sie die Lacher des Publikums auf ihrer Seite und Herr Ballhorn hat wieder einmal erfolgreich zugeschlagen. Denn ein Wort oder eine Redewendung so abzuwandeln, dass der Sinn verändert oder entstellt wird, trägt mindestens seit dem 18. Jahrhundert den Namen eines Lübecker Buchdruckers. »Verjohannballhornung« oder »Ballhornisierung« hieß das zunächst, ehe sich das »verballhornen« sprachgeschichtlich durchsetzen konnte.

In jüngster Zeit erfreut sich »verschlimmbessern« als Alternative wachsender Beliebtheit, kann allerdings als sprachspielerischer Ausdruck mit der legendären Geschichtsträchtigkeit der Verballhornung nicht mithalten. Denn Johann Ballhorn (der Jüngere), seines Zeichens Buchdrucker in Lübeck, kam zu unrühmlicher Prominenz, weil er 1586 eine Ausgabe der Lübecker Stadtrechte druckte, die viele sinnentstellende Fehler enthielt. Diese Fehler waren keineswegs sein Verschulden. Aber da die für die Überarbeitung Verantwortlichen – vermutlich Juristen des damaligen Lübecker Stadtrats – auf der Titelseite nicht genannt wurden und sich dort lediglich der Hinweis auf den Drucker findet, wurde aus der weitverbreiteten und von anderen Städten übernommenen Ausgabe immer mit Hinweis auf Johann Ballhorn zitiert.

Dass aus einem Namen ein Verb abgeleitet wird, ist im Übrigen im Deutschen keine Seltenheit. Die Untersuchung des Körpers mithilfe unsichtbarer Strahlen trägt den Namen ihres Entdeckers, Wilhelm Conrad Röntgen. Von Charles Cunningham Boycott etwa haben wir zu boykottieren gelernt und von Louis Pasteur das Pasteurisieren.

Sprachgeschichte

Was bedeutet die Redewendung »ins Blaue fahren«

UND WOHIN FÄHRT MAN DANN EIGENTLICH?

---

*F*arben erzählen Geschichten. Farben sind Psychologie. Die Welt des 21. Jahrhunderts ist so knallbunt, dass man sich zuweilen einen Farbfilter wünscht, um der Faszination jeder einzelnen Farbe wieder besser nachspüren zu können. Hilfreich kann in einem solchen Fall aber auch schon eine unbeschwerte Fahrt »ins Blaue« sein. Und das nicht nur, weil sie – landläufigen Deutungen zufolge – etwas mit der blauen Blüte der Flachspflanzen zu tun hat, die bis ins 19. Jahrhundert hinein während der Sommermonate riesige Flächen blühend bedeckten. Vielmehr spielt die Farbe Blau in diesem Kontext auch all ihre vielschichtigen Bedeutungsebenen aus: Blau gilt als Farbe der Ruhe, der Ferne, der Unendlichkeit, als Zeichen einer friedvollen Natur (blauer Himmel, blaues Wasser), als Ausdruck von Harmonie und Sicherheit. Da ist es sicher kein Zufall, dass Blau von 38 Prozent aller Deutschen als ihre Lieblingsfarbe angesehen wird.

In der berühmten »blauen Blume« der Romantiker verkörpert die Farbe der Blume die metaphysische Sehnsucht und das Streben nach dem Unendlichen. Dies spiegelt sich in der »Fahrt ins Blaue« wieder, die ja eben keine Fahrt »ins Grüne« der Natur oder »ins Gelbe« eines Sommer-Sonnentags meint, sondern eher in eine ungewisse, unbestimmte Ferne, ein verheißungsvolles, aber eben nicht definiertes Ziel, zu dem man müßiggehend und losgelöst von Alltagszwängen gelangen kann. In diesem Sinn lässt sich die Redewendung sprachgeschichtlich mindestens bis in die Goethezeit zurückverfolgen. Eine Fahrt »ins Blaue« als »Wellness«-Programm für die Seele wusste zum Beispiel schon der Musiker Carl Friedrich Zelter

zu schätzen. Am 8. September 1829 schrieb er in einem Brief an seinen Dichterfreund Goethe, dass er »ins Blaue einfahre«, »weil ich den Tag noch nicht bestimmen kann«.

Woher kommt der Begriff »blauer Brief«

UND WAS HAT ER MIT ZERSCHLISSENEN UNIFORMEN ZU TUN?

———

*W*as den Deutschen der »blaue Brief«, ist den Amerikanern der »pink slip«. Im einen wie im anderen Fall ist die Farbe sekundär, der Inhalt allerdings zumeist dramatisch. Denn ebenso wie in jeder Schülergeneration aufs Neue ein »blauer Brief« im heimischen Briefkasten Furcht und Schrecken und böse elterliche Diskussionen auslöst, hat er auch in der Welt der berufstätigen Erwachsenen zumeist katastrophale Folgen: Kündigt ein »blauer Brief« der Schule die gefährdete Versetzung eines Schülers an, enthält der gleichermaßen titulierte Brief des Arbeitgebers unter Umständen ein Kündigungsschreiben, zumindest eine (Ab-)Mahnung.

In den Vereinigten Staaten haben die »pink slips« im Zuge der New-Economy-Krise nach der Jahrtausendwende traurige Furore gemacht, weil sie dort zum Symbol der massenhaften Entlassungen wurden. Pink-slip-Partys, zu der sich entlassene Arbeitnehmer und potenzielle Arbeitgeber trafen, waren in dieser Zeit als Jobbörsen ausgesprochen beliebt.

Der »blaue Brief« in Deutschland hat keinerlei Bezug zur weitreichenden Symbolik der Farbe Blau. Vielmehr nimmt er ganz konkret Bezug auf ein ursprünglich besonders festes und undurchsichtiges blaues Papier, in dem seit dem späten

19. Jahrhundert königlich-preußische Kabinettsschreiben mit persönlichen Angelegenheiten – von der Entlassung oder Verabschiedung bis zur Beförderung – verschickt wurden. Um den Inhalt solcher Schreiben vor unbefugten neugierigen Blicken zu schützen, benutzte man ein blaues Papier, das aus den Lumpen zerschlissener Uniformen hergestellt wurde. Die Herstellung von Papier aus Lumpen war im 19. Jahrhundert gängige, weil preiswerte Praxis. Die vorherrschende Farbe der preußischen Uniformen war Blau – entsprechend hatte auch das Papier eine deutliche Blaufärbung.

Was sagen wir am besten »durch die Blume«

UND WARUM WAR DAS IM HAREM BESONDERS BELIEBT?

ady Mary Wortley Montagu war eine unerschrockene Frau. Im frühen 18. Jahrhundert bereiste sie den Orient und gewann dort einzigartige Einblicke in die geheimnisvolle Welt der Harems. Davon berichtete sie in Briefen ihren tugendhaften europäischen Geschlechtsgenossinnen. Insbesondere die orientalische Blumensprache, »Selamik«, faszinierte die englische Schriftstellerin. Nonverbal zu kommunizieren, heimliche (erotische) Botschaften mithilfe von Blumen und ausgewählten Gegenständen auf den Weg zu bringen, eröffnete für sie eine neue, bislang völlig unerschlossene Welt der Verständigung. Mit ihren detaillierten Beschreibungen legte Lady Montagu den Grundstock für eine Mode, die rasch im eher prüden viktorianischen England und später in ganz Europa um sich griff.

Was Anstand und Moral auszusprechen verboten, ließ sich eindrucksvoll durch Blumen und deren Farben und Arrangements artikulieren. Rote Rosen, gelbe Nelken, blaue Vergissmeinnicht sprachen fortan Bände und fügten sich ein in jene nonverbale Form der Kommunikation, deren Spuren sich bis heute nachvollziehen lassen. Davon wird unser Kaufverhalten bei der Zusammenstellung eines Blumenstraußes ebenso geprägt wie unsere Sprache. Wenn wir etwas »durch die Blume« sagen, geht es zumeist um unangenehme Botschaften oder wohlmeinende Kritik, die wir jedoch nicht unvermittelt kommunizieren, sondern eingekleidet in versteckte oder verschlüsselte Andeutungen. Genau der gegenteilige Fall tritt ein, wenn wir jemandem kurz, knapp, eindeutig und vor allem »unverblümt« unsere Meinung sagen.

Interessant in diesem Zusammenhang, dass auch die antike Rhetorik bereits eine »Redeblume« kannte: »Flosculus«, das Blümchen, bezeichnete dort eine verhüllende Redeweise. Daraus entwickelte sich dann das deutsche Wort »Floskel«.

Woher kommt das Wort »Brille«

UND WAS HAT ES MIT EINEM OCHSENKARREN ZU TUN?

Schon im alten Ägypten und in der Antike wusste man um die hilfreichen Möglichkeiten von Linsen, Kristallen und mit Wasser gefüllten Kugeln zur Unterstützung von altersmüden und leseschwachen Augen. Im 13. Jahrhundert wurden dann die ersten Bergkristalle zu Leseglas geschliffen. Konkave Linsen, die bei Kurzsichtigkeit benötigt werden, wurden im 16. Jahrhundert entwickelt. Mitte des 18. Jahrhunderts löste die erste Bifokalbrille das Problem des ständigen Brillenwechsels bei Weit- und Kurzsichtigkeit: Als Erfinder gilt kein Geringerer als Benjamin Franklin.

So alt und so komplex wie die Geschichte der Brille selbst ist auch die Etymologie des Wortes. Zugrunde liegt wohl das spätmittelhochdeutsche Wort »berille«, das von den meisten Sprachhistorikern auf den Beryll, einen Mineralstein, zurückgeführt wird. Der Zusammenhang liegt nahe: Man benutzte im Spätmittelalter Linsen aus geschliffenen Halbedelsteinen, um Fehlsichtigkeiten der Augen auszugleichen. Und der Name »Beryll« galt als Oberbegriff für alle klaren Kristalle, auch wenn es sich beispielsweise um Bergkristall handelte.

Eine andere Sprachspur legen die »Parillenmacher«, wie sie aus Berufslisten zum Beispiel im Nürnberg des 15. Jahrhunderts überliefert sind. Hier könnte ein Zusammenhang bestehen zu dem aus dem Lateinischen stammenden und im Mittelalter noch gebräuchlichen Wort »parilium«, das in Abwandlung und Weiterentwicklung zu »parille«, »barille«, »brill« durchaus auch eine enge Verbundenheit zur heutigen Brille erkennen lässt, dabei aber weniger den Fokus auf die Gläser richtet denn

auf das zweiteilige Gestell (für beide Augen): »Zbrill fahren«, so ist es im grimmschen Deutschen Wörterbuch nachzulesen, bedeutete nämlich »mit zwei nebeneinander gespannten Ochsen zu fahren«.

Was ist ein Deonym

ODER WOHER HAT DAS »WECKGLAS®« SEINEN NAMEN?

---

*I*n einer Zeit, in der Kühlschrank und Gefriertruhe noch nicht erfunden und Convenienceprodukte noch ferne Zukunftsmusik waren, stellte das Konservieren von Lebensmitteln eine der größten Herausforderungen des praktischen Alltags dar. Die Fülle des Sommers für den Winter zu bevorraten, verlangte praktisches Küchenwissen – vom Lufttrocknen über die Erdmieten bis hin zum Konservieren mit Salz oder Zucker. Da erfand Ende des 19. Jahrhunderts Rudolf Rempel das Einmachglas, um Lebensmittel durch Erhitzen und Luftabschluss haltbar zu machen. Aber nicht unter seinem Namen trat diese wegweisende Entwicklung ihren Siegeszug in Europas Küchen an, sondern unter dem des Unternehmers Johann Weck, der das Weckglas® zu einem der ersten deutschen Markenprodukte entwickelte und zudem der deutschen Sprache das Verb »einwecken« schenkte.

Für jene Wörter, die aus einem Eigennamen abgeleitet werden, gibt es einen Fachterminus: »Weckglas®« und »einwecken« sind Deonyme; der Name Weck, der der Herleitung zugrunde liegt, ist ein Eponym. Deonyme sind im Deutschen viel häufiger, als man vermuten würde: So war es Otto von Bismarck, der dem »Bismarckhering« seinen Namen gab. Den »Schrebergarten« verdanken wir Daniel Gottlob Moritz Schreber, den »Dieselmotor« Rudolf Diesel. Auch bei Importen aus dem Englischen oder Französischen lassen sich die Väter der Wörter leicht ausmachen: Das »Sandwich« geht auf John Montagu, den 4. Earl of Sandwich, zurück, die »Silhouette« auf Etienne de Silhouette. Eine Namensgeberin hat der »Pfirsich Melba«: Er wurde nach der legendären australischen Opernsängerin Nellie Melba benannt, die in Wirklichkeit Dame Helen Porter Armstrong hieß, mit ihrem Künstlernamen jedoch auf ihre Geburtsstadt Melbourne Bezug nahm.

Woher kommt die Redensart »im Dreieck springen«

UND WESHALB WAREN KLAUSTROPHOBIKER DAVON BESONDERS BETROFFEN?

_E_s war eine kleine Revolution: Mitte des 19. Jahrhunderts ließ Friedrich Wilhelm IV. im Berliner Stadtteil Moabit ein preußisches Mustergefängnis einrichten, in dem die Gefangenen erstmals nicht in gemeinschaftlichen Großunterkünften, sondern in Einzelzellen untergebracht wurden. Die Isolationshaft im »Zellengefängnis Lehrter Straße« sollte die Straftäter vor dem schlechten – und womöglich »ansteckenden« – Einfluss anderer Mitgefangener bewahren. Dieses Isolationsprinzip galt es nach damaliger Auffassung konsequent auch beim Freigang zu wahren: Daher wurden auf dem Gefängnisgelände kreisförmige Areale (die sogenannten »Spazierhöfe«) kuchenstückartig in zwanzig Dreiecke unterteilt, die jeweils durch hohe Mauern voneinander getrennt waren. Gerade mal zehn Quadratmeter waren die einzelnen »Freiflächen« groß, die den Gefangenen nicht viel Bewegungsspielraum ließen, aber immerhin den Blick auf den Himmel – und womöglich ein bisschen Sonne – freigaben. Auch hier galt für die Gefangenen ein Schweigegebot. Die Einsamkeit der Zelle und dann noch die Monotonie des Freigangs in der Tristesse des Dreiecks über Monate oder Jahre zu ertragen, brachte so manchen Gefangenen früher oder später an den Rand des Wahnsinns. Und wenn Wut, Zorn und Aggression sich nicht mehr kontrollieren ließen, sprang der eine oder andere wohl auch schon mal in seinem engen, kleinen Dreieck entfesselt umher.

An das einstige Mustergefängnis erinnern heute nur noch wenige Überreste im 2007 eröffneten »Geschichtspark Ehemaliges Zellengefängnis Moabit«. Besser gehalten hat sich die sprachliche Reminiszenz an die einstige Gefängniseinrichtung: Denn »im Dreieck springen« wir redensartlich auch heute noch, wenn wir uns ganz schrecklich ärgern, zornig sind oder unsere Wut kaum noch zu unterdrücken wissen.

Was ist ein »Heiermann«

UND WARUM IST ER
HEUTE SO SELTEN GEWORDEN?

---

*E*uropa hat den Heiermann schnöde zu Grabe getragen. Seit es den Euro gibt, gibt es keinen Heiermann mehr. Denn der war rund und aus Metall und hatte den Wert von fünf deutschen Mark. An die Stelle der früheren Fünfmarkstücke sind die Fünfeuroscheine getreten, aber für sie hat sich die Bezeichnung »Heiermann« niemals durchsetzen können.

Gerade jüngeren Deutschen ist der »Heiermann« inzwischen fremd, die Münze ebenso wie das Wort und dessen Geschichte. Die reicht in der Tat weit zurück bis in die Zeit der Entstehung des Alten Testaments. Im Hebräischen war der fünfte Buchstabe des Alphabets mit einem Zeichen belegt, dass im Jiddischen wie »hey« ausgesprochen wurde. Über das Jiddische gelangte »hey« ins Rotwelsch, in die Sprache der fliegenden Händler und Gauner – und von dort spätestens im frühen 20. Jahrhundert in die Umgangssprache als Bezeichnung für ein Fünfmarkstück.

Dem Reich der Legenden zuzuweisen ist eine andere, vor allem im Norddeutschen verbreitete Herleitung des Wortes. Sie stellt eine Verbindung her zwischen der Heuer der Matrosen und den Damen des liegenden Gewerbes, die die jungen Männer vor der Abreise für einen Teil der Heuer, nämlich für einen Heuer-/Heiermann, zum »Heiamachen« (»heia machen« bedeutet umgangssprachlich »schlafen«) einluden.

Der Heiermann hat sprachgeschichtlich in den 1960er- bis 1970er-Jahren seine größte Popularität erlebt, insbesondere auch in der Kölner Region und im gesamten Rheinland. Der Kölschsänger Gerd Köster widmete ihm gar einen eigenen Song: »Heiermann Vibrations im Asiland«. Und zumindest in der Region um Krefeld konnte sich auch das »Heiermännchen« etablieren, das sozusagen als kleiner Bruder des Heiermanns anzusehen ist: Gemeint war damit nämlich das Fünfzigpfennigstück.

Woher kommt die Redensart »einen Kater haben«

UND WESHALB LOHNT SICH KATZENJAMMER NICHT?

Man könnte den Eindruck haben, als seien die Katzen an allem schuld. In auffallender Häufung müssen sie für alles hinhalten, was allein unserer Unvernunft zuzuschreiben ist. Wenn wir am Abend das eine oder andere Glas Wein zu viel zu uns genommen, womöglich auch noch einen kleinen Absacker hinterhergeschickt und zu allem Übel auch noch zu wenig

Schlaf gehabt haben, erwachen wir am nächsten Morgen mit großer Wahrscheinlichkeit mit einem dicken »Kater«. Da ist es dann gut möglich, dass uns zu allem auch noch ein gewaltiger »Katzenjammer« erwischt. Die Rettung könnte dann möglicherweise in einem »Katerfrühstück« liegen, das uns zumindest von den schlimmsten Beschwerden befreit.

Geht man der Entwicklung dieser Redensarten nach, sind die Katzen schnell rehabilitiert. Denn der »Kater« – und hier ist der Begriff, nicht das Erlebnis gemeint – hat seine Wurzeln wohl in der Leipziger Studentenszene des 19. Jahrhunderts: Um die Nachwirkungen überhöhten Alkoholgenusses vornehm einzukleiden, erklärten die Studenten ihren desolaten Zustand mit einem »Katarrh«, an dem sie angeblich litten, sprachen dieses Wort allerdings so sächselnd aus, dass daraus der »Kater« wurde. In dasselbe Umfeld legen manche Sprachforscher auch die Entstehung des »Katzenjammers«, den sie aus dem »Kotzenjammer« herleiten. Das klingt zwar stimmig, allerdings ist der »Katzenjammer« als Begriff für den derangierten Zustand nach allzu heftigem Zechen deutlich älter, lässt sich schon bei Goethe, Brentano und Eichendorff nachweisen. Ebenso alt wie der »Katzenjammer« ist im Übrigen auch die Erfahrung, dass man den körperlichen Zustand zwar vielleicht schnell wieder in den Griff bekommt, dass hinsichtlich des moralischen »Katzenjammers« all solche Bemühungen aber schlicht »für die Katz« sind …

Weshalb hießen Models früher Mannequins

UND WARUM WAREN SIE SO HÖLZERN?

---

*E*s hat eine Zeit gegeben, da war Paris das einzige, das einzig wahre Zentrum der modebewussten Welt. Wer »à la mode« gekleidet sein wollte, musste sich am Chic der Pariser und Pariserinnen orientieren. Das ist heute kein Problem mehr, in einer Zeit, in der Magazine, Fernsehen und Internet uns Anschauungsmaterial in Hülle und Fülle liefern und wir schnell auch mal für einen Shoppingausflug in die Modemetropolen dieser Welt jetten können. Vor zweihundert Jahren sah der Austausch über das, was in Sachen Mode »en vogue« war, noch anders aus. Hier kommen die Mannequins ins Spiel, nein, nicht jene Vorführdamen, die wir aus Zeiten kennen, in denen der »Catwalk« noch »Laufsteg« hieß und eine elegante Damenfrisur die Ausmaße eines Vogelnestes haben konnte.

Noch weit vor dieser Zeit brachen aus dem Mittelniederländischen stammende kleine »mannekens« Richtung Frankreich auf. Eigentlich ist das Wort ein Diminutiv und bedeutet so viel wie »Männchen«. Aber auf dem Weg in die französische Sprache wurden daraus »Puppen«, konkret: hölzerne oder wächserne feine Gliederpuppen. Das Besondere an diesen Puppen war, dass man sie mit den neuesten modischen Kreationen ausstaffieren konnte. Was »man« oder »frau« modisch zu tragen hatte, präsentierten diese kleinen »mannequins« gleichsam »en miniature«. Fein ausstaffiert, wurden sie auf Reisen geschickt, um in Berlin, London oder St. Petersburg die Damen und die nicht weniger eitlen Herren mit Inspirationen zu versorgen. Aus den hölzernen machte der britische Seidenhändler Charles Frederick Worth dann im 19. Jahrhundert lebende Mannequins. Allerdings handelte es sich dabei zunächst um Männer. Bis die Vorvorvorgängerinnen von Claudia Schiffer und Heidi Klum die Laufstege dieser Welt betreten durften, sollten noch ein paar Jahrzehnte ins Land gehen.

Was bedeutet »Mayday«

UND WESHALB HAT DAS NICHTS
MIT EINEM SCHÖNEN TAG IM MAI ZU TUN?

---

*M*anchmal schlägt Sprache kuriose Purzelbäume. Gleich einen doppelten Purzelbaum hat das Wort »Mayday« in seiner historischen Genese geschlagen. »Mayday« ist heute weltweit als Notsignal im Sprechfunk anerkannt, in der Schifffahrt ebenso wie im Flugverkehr, bei der Feuerwehr ebenso wie bei der Polizei oder im Rettungswesen. Dem Begriff liegt allerdings ein zweifaches Missverständnis zugrunde. Denn der Legende nach entstand das Wort aus einem falsch verstandenen Appell: Danach setzten französische Piloten einen Notruf ab (»m'aidez«), der wiederum in den Ohren englischer Funker, die des Französischen nicht mächtig waren, als »mayday« (Tag im Mai) ankam. Der Irrtum wurde zwar aufgeklärt, aber der Begriff 1923 von Frederick Stanley Mockford, dem leitenden Funkoffizier am Flughafen London-Croydon, als Notruf festgelegt. So weit das erste Missverständnis.

Das zweite Missverständnis lässt sich als Phänomen mit dem Begriff »Pseudo-French«, analog zum »Pseudo-English«, am besten umschreiben. Denn »m'aidez« für »helft mir« oder »helfen Sie mir« ist gemäß der französischen Grammatik schlichtweg falsch und müsste korrekt heißen »aidez-moi«. Um die »mayday«-Herleitung dennoch zu retten, muss man deshalb auf die Form »m'aider« ausweichen, was im Deutschen infinitivisch als »mir helfen« zu übersetzen wäre. Das mag ein bisschen konstruiert anmuten, aber zumindest gibt es uns die Gelegenheit, einmal mit der wenig gebräuchlichen Form des Jussivs in Berührung zu kommen. Dabei handelt es sich um eine Verbform, die – analog zum Optativ, der einen Wunsch ausdrückt – eine Aufforderung, einen Befehl formuliert, der sich nicht an ein unmittelbares Gegenüber (Imperativ), sondern an eine nicht anwesende Person oder Gruppe von Personen richtet (»man nehme«, »man höre und staune«).

Was heißt »aus dem Nähkästchen plaudern«,

UND WAS HAT »EFFI BRIEST« DAMIT ZU TUN?

Zu den großen, überragenden Frauengestalten der Weltliteratur zählt »Effi Briest«. Ihrem Schöpfer Theodor Fontane und dessen hellsichtiger Gesellschaftsanalyse verdankt sie es, dass sie bis heute unvergessen ist und sich an ihrem Schicksal immer noch die Gemüter erhitzen. Fontanes Roman (1896) erzählt vom Schicksal der jungen Effi, die mit gerade mal 17 Jahren eine Ehe mit dem mehr als doppelt so alten Baron von Instetten eingeht. Die Beziehung der beiden verläuft wenig glücklich, denn der Baron ist mehr mit seiner beruflichen Karriere als mit seiner jungen Frau beschäftigt und behandelt Effi nicht wie eine Partnerin auf Augenhöhe, sondern wie ein Kind. Effi, einsam und enttäuscht, flüchtet sich in eine Liaison mit einem Offizier. Als von Instetten Jahre später von der längst beendeten Liebschaft erfährt, gerät er außer sich, fordert den Nebenbuhler zum Duell und lässt sich von Effi scheiden. Was das mit einem Nähkästchen zu tun hat?

Theodor Fontane ist nicht nur der geistige Vater Effi Briests, er hat auch das Nähkästchen literaturfähig gemacht. Denn Effis früheres Verhältnis wird dadurch enttarnt, dass von Instetten ausgerechnet in ihrem Nähkästchen die Briefe des Geliebten findet. Dass er, der im Roman als rigider Verfechter von Moral und Sitte auftritt, damit ein No-Go begeht, entlarvt ihn und die Doppelbödigkeit der Moral, für die er steht. Denn das Nähkästchen als Schatztruhe bürgerlicher Weiblichkeit war jener Ort, zu dem männlicher Neugier und männlichen Fingern der Zutritt aufs Strengste verwehrt war. Das Nähkästchen war jener Platz, an dem Frauen ihre kleinen Geheimnisse verstecken konnten, ohne befürchten zu müssen, dass der eigene Mann, die Mutter oder das Dienstmädchen sich daran zu schaffen machten. Nur wenn die beste Freundin zu Besuch kam und man sich gemeinsam über die eine oder andere Näharbeit beugte, konnte man Briefe und andere Geheimnisse aus dem Nähkästchen hervorholen – und daraus plaudern.

Die Nähkästchen-Tradition, und das dürfte wohl kein Zufall sein, fällt genau in jene Epoche, in der unkonventionelle Engländerinnen wie Lady Mary Montagu bei ihren Abenteuerreisen in den Orient eine Entdeckung machten, mit der sie ihre braven Geschlechtsgenossinnen im fernen Europa zutiefst in Erstaunen versetzten. »Selamik« nannte sich eine Sprache, mit der Liebende in den orientalischen Harems – nonverbal – miteinander zu kommunizieren pflegten. Dazu bedienten sie sich einer Sprache, in der Federn, Steine, Kräuter und vor allem Blumen mit genauen Bedeutungen belegt waren.

Diese Form der Kommunikation fand im prüden viktorianischen England und von dort ausgehend in ganz Europa rasend schnelle Verbreitung. Ganze Bücher wurden mit Blumenalphabeten gefüllt, die komplexer und komplizierter waren, als die Geheimnisse eines Nähkästchens es jemals hätten sein können. Ob eine Lilie oder zwei oder drei, ob Rot oder Rosa oder gar Gelb: Nichts blieb dem Zufall überlassen und jeder Blumenstrauß erzählte einen ganzen Roman.

Über solcherlei Tändeleien mögen wir heute lächeln. Geheime Briefe in Nähkästchen werden eifersüchtige Ehemänner vergeblich suchen. Da müssten sie schon eher in den versteckten Archiven eines Smartphones auf die Suche gehen. Aber dass gelbe Blumen Ausdruck von Eifersucht sind, dass Chrysanthemen auf den Friedhof und nicht in den Strauß für die Gastgeberin gehören und Weiß – als Symbol der Hoffnung – die perfekte Hochzeitsstrauß-Farbe ist, haben wir bis heute verinnerlicht. Rote Rosen in Effi Briests Boudoir hätten dem eifersüchtigen Baron auch ohne Griff ins Nähkästchen die Nachricht eines leidenschaftlichen Nebenbuhlers überbracht.

Was sind »Nassauer«

UND WESHALB SOLLTE MAN NICHT ZU VIELE VON IHNEN ALS FREUNDE HABEN?

Der kleine Ort Nassau, im Lahntal zwischen Koblenz, Bad Ems und Wiesbaden gelegen, hat einen berühmten Sohn, den späteren preußischen Minister Karl Freiherr vom und zum Stein. Aber weder der Reformer noch alle übrigen Bewohner des Ortes tragen Schuld an jenen Legenden, die ihren Namen mit eher fragwürdiger Bedeutung in die Sprachgeschichte haben eingehen lassen. Denn Nassauer sind nach heutigem Verständnis Menschen, die es sich gern auf Kosten anderer gut gehen lassen. Wer nassauert, ist ein Schmarotzer. Die wahrscheinliche Herleitung dieses Wortes führt bis ins Frühneuhochdeutsche zurück, wo »nass« unter anderem auch »ohne Geld« bedeutete. In der Berliner Mundart hat sich die Redewendung »für nass« oder »per nass« erhalten: Wer etwas »per nass« haben will, will es umsonst haben. So weit die Sprachgeschichte.

Viel blumiger und anschaulicher aber sind Legenden wie diese: Herzog Wilhelm von Nassau-Weilburg schloss Anfang des 19. Jahrhunderts mit dem Königreich Hannover einen Vertrag. Darin wurde die Georg-August Universität in Göttingen zur Nassauischen Landesuniversität erklärt. Um den studierwilligen Söhnen aus Nassauer Familien das Studium im immerhin rund dreihundert Kilometer entfernten Göttingen schmackhaft zu machen, gewährte der Herzog ihnen Stipendien in Form kostenloser Verköstigung, die die Studenten bei einem Göttinger Vertragswirt abrufen konnten. Nutzte ein Nassauer Student dieses Angebot nicht, nahm nicht selten ein Fremder, Unbefugter, der sich als Nassauer ausgab, den Platz und das kostenlose Mahl ein. So seien, weiß die Legende, die schmarotzenden »Nassauer« zu ihrem Namen gekommen. Kleiner Schönheitsfehler: Nach dieser Geschichte waren es ja gerade nicht die Nassauer, sondern die, die sich als Nassauer ausgaben, die es sich auf Kosten anderer gut gehen ließen.

Warum »kennt man seine Pappenheimer«

UND WESHALB SIND SIE MEISTENS KEINE KLOAKENREINIGER?

W aren Sie schon mal in Pappenheim? Kennen Sie den Pappenheimer-Marsch? Oder ist Ihnen in einem mittelalterlichen Kirchenbuch vielleicht ein Pappenheimer begegnet, der als »Abtritträumer« oder »Kloakenreiniger« bezeichnet wurde? So viele Pappenheimer, und doch führen sie alle nicht auf die richtige Spur der bis heute geläufigen Redensart.

Aber der Reihe nach. Pappenheim ist ein kleiner Ort in Mittelfranken, dessen Bewohner, die Pappenheimer, allerdings völlig unschuldig daran sind, wenn jemand behauptet, »seine Pappenheimer zu kennen«. Die Königlich-Preußische Armeemarsch-Sammlung enthält in der Abteilung mit »Langsamen Märschen« für Fußtruppen einen »Der Pappenheimer« titulierten Marsch, der allerdings ebenso wenig zur Redensart führt. Zu den Pappenheimern als Kloakenreinigern führt eine Legende, die besagt, dass es im Mittelalter in Nürnberg einmal eine Sitzung des Reichstags gegeben habe, bei der der Boden des Saals einbrach und alle Teilnehmer in der Jauche landeten. Mit der Reinigung der Kloaken beauftragte der Marschall seinen Stab von Knechten, die allesamt aus Pappenheim kamen und ihren Herkunftsort somit in die (Nürnberger) Geschichte eingeschrieben haben.

Weit weg von solch übel beleumundeten Pappenheimern sind jene Soldaten, auf die in Friedrich Schillers Drama »Wallensteins Tod« der gleichnamige General so stolz ist, dass er sie und ihre Tapferkeit mit dem Ausspruch »Daran erkenne ich meine Pappenheimer« ausdrücklich lobt. Allerdings erweist dieses Regiment sich des Lobs nicht unbedingt würdig. Im weiteren Verlauf von Schillers Stück schlagen sie heftig über die Stränge und richten durch ihren Übereifer Schaden an. In dieser eher negativen Konnotation ist die Redensart bis auf den heutigen Tag erhalten geblieben.

Woher stammt die Redensart »bis in die Puppen«

ODER WARUM SIND DIE BERLINER NÄCHTE BESONDERS LANG?

Kennen Sie die Puppen von Berlin? Nein, auf den Straßen und Gassen der Hauptstadt begegnet man ihnen nicht. Und im Museum sind sie auch nicht zu besichtigen. Dennoch haben sie Geschichte geschrieben – Berliner Geschichte und Sprachgeschichte. »Die Puppen« lautete im 18. Jahrhundert die durchaus ironische Bezeichnung der Berliner für eine Gruppe von Sandsteinskulpturen, die der Architekt Freiherr Georg Wenzeslaus von Knobelsdorff um 1750 am Großen Stern im Berliner Tiergarten hatte errichten lassen, als er das ehemalige kurfürstliche Wildgehege zum barocken Stadtpark umgestaltete. Die Skulpturen zeigten antike Göttinnen und Götter und waren vor allem aus Gründen der optischen Inszenierung des Platzes im Wechsel mit kugelförmig geschnittenen Büschen errichtet worden.

Bei den Berlinern stießen die Skulpturen auf wenig Begeisterung und erhielten schon bald die despektierliche Bezeichnung »die Puppen«. Wenn die Berliner vom Brandenburger Tor aus zum Sonntagsspaziergang aufbrachen, gingen sie oft bis zu den »Puppen« – und mussten dafür ein ordentliches Stück Weg zurücklegen. Irgendwann dann wurde aus der räumlichen Entfernungsbezeichnung eine zeitliche Dimension, die keines-

wegs nur auf Berlin beschränkt blieb: Wer »bis in die Puppen«
feiert, kommt spät in der Nacht oder womöglich erst im Mor-
gengrauen nach Hause – und muss dann »bis in die Puppen«
schlafen, um wieder fit zu werden.

Den Berliner »Puppen« war im Übrigen kein langes Leben
beschieden. Sie wurden schon bald nach ihrer Errichtung durch

Vandalismus beschädigt und waren zu Beginn des 19. Jahrhunderts so zerstört, dass sie 1829 komplett beseitigt wurden. Nur
die Redensart hat sich bis heute erhalten und hält die Erinnerung an die Berliner »Puppen« wach.

Was bedeutet »Tacheles reden«

UND WARUM IST DIES OFT ZWECKMÄSSIGER, ALS MAN DENKT?

Die Zahl der Wörter, die die deutsche Sprache aus dem Hebräischen bzw. aus dem Jiddischen entlehnt hat, ist bemerkenswert groß. Viele dieser Wörter sind so vertraut und so selbstverständlich ins Deutsche integriert, dass man oft deren Herkunft überhaupt nicht mehr hinterfragt. Dass es wie »Hechtsuppe« zieht, dass man jemandem »Hals- und Beinbruch« wünscht, dass die »Mischpoke« »am Malochen« ist: All das können wir nur deshalb so blumig beschreiben, weil uns dafür klangvolle Entlehnungen zur Verfügung stehen.

Der Weg aus dem Hebräischen oder Jiddischen ins Deutsche lässt sich dabei in vielen Fällen über das Rotwelsche nachweisen. »Rotwelsch« ist heute eine Art Sammelbegriff für verschiedene Soziolekte, die mehrheitlich von sozialen Randgruppen gesprochen wurden. »Rotwelsch« als zusammengewürfelte Gaunersprache erfreute sich bis weit ins 20. Jahrhundert großer Beliebtheit. Das erklärt die Zahl und den Bekanntheitsgrad so vieler aus dem Rotwelschen in die Umgangssprache übernommener Wörter.

Auch der Ausdruck »Tacheles reden« hat seinen Ursprung im Westjiddischen, wo »takhles redn« so viel wie »zweckmäßiges Reden«, »zur Sache kommen« oder »zielbewusstes Handeln« bedeutete. »Tacheles reden« ist im heutigen Sprachgebrauch das Gegenteil der hohen Kunst des diplomatischen

»Um-den-heißen-Brei-Herumredens«. Wer Tacheles redet, redet offen und unverblümt Klartext. Das kann der Chef sein, der mit seinem Mitarbeiter unter vier Augen ein Dienstgespräch führt. Das kann der Vater sein, der mit seinen Kindern über die Ordnung im Kinderzimmer spricht, oder der Politiker, der der Öffentlichkeit unerfreuliche Sparbotschaften verkündet. Angenehm ist »Tacheles reden« selten – weder für den, der sprechen, noch für den, der zuhören muss.

Woher kommt der Ausdruck »Wolke sieben«

UND WARUM IST ES DORT ANGEBLICH SO SCHÖN?

Dass Zahlen auf Mathematiker eine große Faszination ausüben, wundert nicht. Dass auch in unserem Alltag Zahlen und deren Symbolik eine große Rolle spielen, erleben wir tagtäglich: wenn wir – weil aller guten Dinge drei sind – uns noch ein weiteres Stück Kuchen oder ein Glas Wein gönnen; wenn wir jeden »runden« Geburtstag in besonderer Weise feiern; und nicht zuletzt, wenn wir uns vor jedem Freitag dem 13. dann doch, ganz heimlich, ein bisschen fürchten.

Jahrtausende reicht das geheimnisvolle Spiel mit Zahlen zurück, das über die Zeiten hinweg Bestand hatte: So verweist die Drei etwa auf die Dreifaltigkeit Gottes und die Dreiheit des Kosmos (Erde, Wasser, Luft); die Vier wird mit den vier Jahreszeiten bzw. den vier Himmelsrichtungen in Verbindung gebracht. Und die Sieben schließlich – als Summe aus Drei und Vier – steht für Vollkommenheit und Vollendung: Man denke an die Schöpfung, die in sieben Tagen vollendet war. Auch im Märchen spielt die Sieben eine gewichtige Rolle – vom »Wolf und den sieben Geißlein« über die »Siebenmeilenstiefel« des kleinen Däumlings bis zu »Schneewittchen und den sieben Zwergen«. Der Volksmund warnt vor dem »verflixten siebten Jahr« einer Ehe, und Peter Maffay rät zu einem persönlichkeitsfördernden Spaziergang über »sieben Brücken«.

In der jüdischen Religion und auch im Koran besteht die Vorstellung, dass der Himmel aus sieben Teilen besteht, wobei das oberste »Stockwerk« von Gott und den Engeln bewohnt wird. Da wundert es nicht, dass der Ort, den man sich als Inkarnation des Glücks und als emotionales Paradies vorstellt, als »Wolke sieben«, zuweilen auch als »siebter Himmel«, beschrieben wird. Aber wie sagte Christoph Schlingensief in einem seiner Buchtitel so schön: »So schön wie hier kanns im Himmel gar nicht sein.«

Sprachleben

❀

Woher stammt die Abkürzung »asap«

UND WARUM BENUTZEN CHEFS SIE SO GERN?

Kurz vor Feierabend: Schnell noch den Rechner runterfahren. Und dann nichts wie weg. Da blinkt eine Mail aus der Chefetage auf dem Bildschirm auf. Betreffzeile: Erledigung asap! Und vorbei ist es mit dem pünktlichen Feierabend. Denn »asap« duldet keinen Aufschub. Nicht im Deutschen, wo die Abkürzung im Netzjargon populär geworden ist. Erst recht nicht im Englischen, woher sie ursprünglich stammt: Denn »asap« steht für »as soon as possible«, also: so schnell wie möglich, lieber noch: schnellstmöglich, »asapst« – wie ganz eilige Chefs sich gern ausdrücken.

Schriftliche Kommunikation hat sich in den Zeiten von SMS, Twitter und WhatsApp einer extremen Schlankheitskur unterzogen. Dünnbrüstig und zuweilen magersüchtig kommen Informationen und Botschaften daher. Längst vergessen sind die Zeiten, in denen auch ein kurzes Anschreiben noch mit »Sehr geehrter Herr ...« begann und mit einem »Mit freundlichen Grüßen Ihr ...« endete. Kommunikative Reduktion auf das Wesentliche ist heute angesagt. Dabei hilft nicht zuletzt ein umfangreiches Repertoire an Abkürzungen – von »GL« (good luck) über »gg« (großes Grinsen) oder »LOL« (laughing out loud) bis hin zu »hdl« (hab dich lieb) oder »hdgl« (hab dich ganz lieb).

»Asap« fügt sich da bestens ein, allerdings mit einem bedeutsamen Unterschied: Denn während die meisten Netzjargon-Abkürzungen erst jüngst im Umfeld digitaler Kommunikation entstanden sind, reichen die »asap«-Wurzeln viel weiter zurück, stammt die Abkürzung ursprünglich doch aus der Militärsprache der amerikanischen Streitkräfte. Und wer beim Lesen einer »asap«-Botschaft genau hinhört, spürt auch heute noch den zackig schneidigen Tonfall, mit dem die Nachricht daherkommt. Für den Chat mit der oder dem Liebsten ist diese Abkürzung in jedem Fall ungeeignet.

Wer hat sich das @-Zeichen ausgedacht

UND WIE KOMMT ES INS MOMA IN NEW YORK?

*E*s ist der 22. März 2010: In einer Hausmitteilung gibt das Museum of Modern Art in New York bekannt, dass das @-Zeichen in die Sammlung des Hauses aufgenommen wurde. Was auf den ersten Blick wie eine eher belanglose Information aussieht, entpuppt sich bei genauer Betrachtung als kleine Sensation – für das @-Zeichen ebenso wie für das Museum of

Modern Art: Für das »a« mit Kringel bedeutet der prominente museale Ritterschlag den Glanzpunkt einer Karriere, die das Schriftzeichen innerhalb weniger Jahrzehnte zur »Ikone« des Computerzeitalters aufsteigen ließ. Für das New Yorker Museum wiederum ist es eine Premiere mit weitreichender Konsequenz, da zum ersten Mal ein Symbol in die Designsammlung aufgenommen wird, das nicht physikalisch zu »haben« und nicht käuflich zu »erwerben« ist, weil es »allen und niemandem« gehört.

Das @-Zeichen in der MoMA-Sammlung ist verbunden mit dem Namen des amerikanischen Softwareingenieurs Ray Tomlinson, der 1971 das erste E-Mail-Programm der Welt schrieb. Auf der Suche nach einem Zeichen, mit dem er in der Anschrift Benutzer und Computer (Domain) eindeutig voneinander trennen konnte, entschied er sich für das zur damaligen Zeit weitgehend ungenutzte @-Symbol auf seiner Tastatur. Damit legte er den Grundstock für eine Innovation, die die menschliche Kommunikation im Zeitalter der Computertechnik revolutionieren sollte. Billionenfach wird das @ seitdem tagtäglich benutzt, um Nachrichten in Minutenschnelle an Empfänger in aller Welt zu versenden.

In Deutschland wie in den meisten anderen europäischen Ländern war das Zeichen in den 1970er-Jahren weitgehend unbekannt. Lediglich amerikanische und englische Schreibmaschinen verfügten über eine entsprechende Tastenbelegung. Das warf die Frage nach Herkunft und ursprünglicher Bedeutung des »at«-Zeichens auf. Glaubt man den zahlreichen Sprachforschern, die sich seitdem auf Spurensuche begeben haben, hat der »Klammeraffe«, wie das @ im Deutschen bildmalerisch genannt wird, jahrhundertealte Wurzeln. Die könnten nach Meinung mittelalterlicher Handschriftenforscher bis in die Schreibstuben der Mönche zurückreichen: Dort, so die These, sei aus dem lateinischen »ad« (zu, an) als vereinfachende und Platz sparende Ligatur das @ entstanden. Eine andere These verortet die Entstehung im Spanien des 16. Jahrhunderts, wo das Zeichen aus einer bei Kaufleuten gebräuchlichen Maßeinheit entstanden sein könnte. Denkbar wäre auch eine Verbindung zum französischen »à« – in der auch heute noch vertrauten Bedeutung: zwei Stunden à 50 Euro. Von dort ist es dann nur noch ein kleiner Schritt zum sogenannten »commercial a«, einem kaufmännischen Zeichen, das im England des 19. Jahrhunderts für Preisangaben benutzt wurde: 5 oranges @ 70 pences. Dazu würde passen, dass das @-Zeichen definitiv schon auf englischen Schreibmaschinen aus den 1880er-Jahren anzutreffen ist. Eine weitere Theorie verortet den Klammeraffen in der deutschen Gerichtsbarkeit des 18. Jahrhunderts. In Akten des Reichskammergerichts soll das Zeichen im Sinne von »contra« verwendet worden sein: Schmitz @ Schmitz.

Noch bis vor wenigen Jahren galt ein @ im Firmennamen als unzulässig, und entsprechende Einträge im Handelsregister wurden verweigert. Das hat sich inzwischen (seit 2013) geändert. Die Rechtsprechung hat dem gängigen Sonderzeichen auch bei Namensgebungen ihren Segen erteilt. Damit dürfte ein wichtiges Signal für die Zukunft erteilt sein: Denn das rührige @-Zeichen hat längst Gesellschaft bekommen – von einem »e« mit Greifarm, das für das »electronic e« in E-Mails und E-Books, E-Commerce und E-Learning steht.

Warum ändern sich Berufsbezeichnungen

ODER WAS MACHT EIGENTLICH EIN »FACILITY-MANAGER«?

Ein altes Sprichwort sagt: »Wie du kommst, so wirst du auch empfangen.« Das bezog sich ursprünglich auf das äußere Erscheinungsbild eines Menschen. Aber auch auf der Visitenkarte oder bei der Stellenausschreibung kann für den sprachgewaltigen Schein eine Menge getan werden.

So wurde in den vergangenen Jahren so manches Berufsbild einem sprachlichen »Upgrading« unterzogen: Aus der Friseurin wurde eine Hairstylistin, obwohl Haarbürste, Schere und Lockenstab unverändert dieselben geblieben waren. Aus der Putzfrau wurde die Raumpflegerin, aus dem Bauern der Landwirt. Und Otto Müller, mit grauem Kittel und dicker Werkzeugtasche unschwer als Hausmeister auszumachen, legte fortan Wert darauf, als Gebäudemanager tituliert zu werden. Würde er sich auf die vollmundig als »Facility-Manager« ausgeschriebene Stelle bei einem internationalen Konzern bewerben, hätte er womöglich auch gute Chancen: Denn das Jobprofil ist unabhängig von den aufgehübschten Begrifflichkeiten unverändert geblieben.

Nein, es handelt sich bei solcherlei Sprachakrobatik nicht um einen Euphemismus. Denn ein solcher entstammt ja dem Bemühen, etwas in Worte zu kleiden, über das man unmittelbar nicht reden darf oder soll. Aber was wäre am Tun eines Hausmeisters so unaussprechlich? Hier handelt es sich um ein anderes Phänomen – um das der sozialen Aufwertung via Sprache. So ist in jüngster Zeit aus einem Filialleiter ein klangvoller »Salesmanager« geworden. Die Hilfe im Haushalt heißt »Housekeeper«. Und die abschätzig als Dirne betitelte Dame aus dem Halbweltmilieu wird bevorzugt als »Hostess« angepriesen. In all diesen Fällen hat sich am eigentlichen Berufsbild und an der Wertschätzung dafür nichts geändert: So weit reicht die soziale Aufwertung dann doch nicht.

Was bedeutet das Kürzel »cc«

UND WARUM HOLTE MAN SICH FRÜHER SCHWARZE FINGER DABEI?

Zu den großen Vorzügen digitaler Kommunikation gehört die Möglichkeit, mit einer einzigen Mail einen großen Kreis von Freunden, Mitarbeitern oder Kollegen gleichzeitig zu kontaktieren. Vor langer, langer Zeit, als Briefe noch physikalisch verschickt und zuvor von Hand oder auf einer Schreibmaschine geschrieben werden mussten, bedurfte es dazu des sogenannten Durchschlag- oder Kohlepapiers, das zwischen die einzelnen Briefbögen gelegt werden musste. Heute genügt es, das Empfängerfeld mit mehreren Mailadressen zu bestücken oder neben den eigentlichen Empfänger weitere »Mitleser« in Kopie (cc) oder Blindkopie (bcc) zu setzen. Was in der konkreten Ausführung Lichtjahre voneinander entfernt scheint, rückt in der sprachlichen Bezeichnung wieder eng zusammen: Denn »cc« steht für »carbon copy«, »bcc« für »blind carbon copy« und schlägt damit unmittelbar eine Brücke zurück zu den guten alten Kohlepapier-Kopien.

Während dort auf eventuelle weitere Empfänger explizit mit einem Vermerk, meist unterhalb der Unterschrift, hinzuweisen war, sind die Mailoptionen deutlich einfacher und ermöglichen diplomatisch-strategische Unterschiede: Denn während mehrere Empfänger als Adressaten erkennbar »auf Augenhöhe« miteinander stehen, ist der »cc«-Adressat nur ein Mailempfänger zweiter Ordnung, der lediglich »zur gefälligen Kenntnisnahme« oder »zur Beachtung« in die Kommunikation eingebunden wird, ohne unmittelbar involviert zu sein. Besondere Optionen beinhaltet eine Blindkopie: Bei einer Rundmail bleiben der Verteiler und die einzelnen Mailadressen (auch aus Datenschutzgründen) verdeckt. Im Einzelfall angewendet, geht es eindeutig darum, dass der Adressat der Mail nicht wissen soll, wer zusätzlich über die Mailkorrespondenz informiert wird.

Wer hat das »Fräulein« zu Grabe getragen

UND WARUM WIRD ES TROTZDEM HARTNÄCKIG AM LEBEN GEHALTEN?

*I*n Berlin heißt eine Eisdiele »Fräulein Frost«. Am Zeitschriftenkiosk liegt neben »Madame« und »Femme« auch ein »Fräulein«. Und in der deutschen Musikszene hat »Fräulein Plastique« sich in den vergangenen Jahren einen Namen gemacht. In allen drei Beispielen kommt uns das »Fräulein« ebenso spielerisch-augenzwinkernd entgegen wie Großmutters alter Hut, mit dem wir uns neckisch zur Party schmücken, oder wie das Spitzendeckchen vom Flohmarkt auf unserem Designertisch.

Denn als offizielle Anrede für die unverheiratete Frau hat das Wort längst ausgedient. Im Januar 1972 schon unterband der damalige Bundesinnenminister Hans-Dietrich Genscher die Verwendung des Wortes im »behördlichen Sprachgebrauch« und zog damit einen Schlussstrich unter eine Entwicklung, die das »Fräulein« aus den adligen Höhen des 19. Jahrhunderts in die Niederungen der Berufstätigkeit (das Fräulein Lehrerin oder das Fräulein vom Amt) hin zur förmlichen Anrede für nicht verheiratete Frauen geführt hatte. Dagegen formierte sich im 20. Jahrhundert zunehmend Widerstand: Weder sei eine junge Frau ein »Neutrum« noch werde sie erst dann »vollwertige« und »erwachsene« Frau, wenn sie in den Stand der Ehe eingetreten sei, monierten keineswegs nur kämpferische Feministinnen.

In einigen sprachlichen Randbezirken hat sich die veraltete Anredeform bis heute gehalten: Im Café am Sonntagnachmittag mit überwiegend älterem Publikum steht das »Fräulein« immer noch hoch im Kurs. Und auch die Schauspielerin Iris Berben hat vor einigen Jahren den Versuch einer Ehrenrettung unternommen: In einem Interview gestand sie ein, dass sie sich gern als »Fräulein« bezeichnet sähe, weil sich damit auch die Vorstellung von ungebrochener Jugendlichkeit verbinde. Mit dieser Auffassung steht sie allerdings auf ziemlich verlorenem Posten.

Was sind Füllwörter

UND WARUM SOLLTE MAN SIE LIEBER SAGEN ALS SCHREIBEN?

Sind Sie ein Füllwörter-Typ? Im Internet gibt es inzwischen zahlreiche Möglichkeiten zu prüfen, ob Texte unnötig aufgebläht sind mit Wörtern, die nur geringe bis gar keine Aussagekraft haben. Denn wenn man sich sozusagen in quasi jeder Lebenslage – nach dem Motto: »Lieber ein bisschen mehr als ein bisschen zu wenig!« – aus dem Füllhorn der Füllwörter zu bedienen pflegt, macht das einen geschriebenen Text zu einem wabernden Wortbrei und jeden Vortrag zu einer Zumutung für alle Zuhörer.

Am ehesten noch sind Füllwörter in der gesprochenen Sprache angebracht. Und hier können sie durchaus einen Sinn ergeben, indem sie dazu beitragen, gleichsam »zwischen den Zeilen« eine Botschaft zu vermitteln, eine Aussage freundlicher, höflicher, verbindlicher klingen oder, umgekehrt, auch einen mahnenden, drohenden, skeptischen Unterton einfließen zu lassen: Zwischen »Das hab ich dir gesagt« und »Das hab ich dir doch schon gesagt« liegen erhebliche Bedeutungsnuancen.

Im geschriebenen Text haben so beliebte Wendungen wie »im Prinzip«, »offensichtlich«, »letztendlich« oder »selbstredend« dagegen nichts zu suchen. Hier signalisieren sie fehlende gedankliche Klarheit und sprachliche Ungenauigkeit.

Bemerkenswert ist, dass einzelne Füllwörter Moden unterliegen: »des ungeachtet«, »alldieweil« oder »gleichwohl« sind heute aus der Füllwörter-Favoritenliste nahezu verschwunden. Andere dagegen scheinen geradezu zeitlos: In der Liste, die Johann Wolfgang von Goethe 1817 zur Warnung seiner Dichter-Kollegen vor unnötigem Wortgeklingel herausgab, finden sich Wörter wie »ohne Zweifel«, »einigermaßen«, »halt«, »ziemlich« oder »schon«, die auch heute noch hoch im Kurs stehen. Goethes Liste kann daher auch zeitgenössischen Autoren nur wärmstens ans Herz gelegt werden.

Ist die Bezeichnung »Gästin« korrekt

UND WAS HAT SIE MIT DEN BRÜDERN GRIMM ZU TUN?

––––––––

Längst hat die weibliche Emanzipation auch in die Märchenwelt Einzug gehalten – sprachlich zumindest. In der Geschichte von Ingo Siegner über den »kleinen Drachen Kokosnuss«, der in die Schule kommt, begegnen uns neben vielen kleinen Drachenjungen auch »Drachinnen«. Sie lenken unsere Aufmerksamkeit auf eine spannende Sprachfrage, die die korrekte Bildung des weiblichen Pendants zu einem männlichen Wesen betrifft. Das ist einfach, solange wir uns mit dem üblichen Anhängen eines -in behelfen können. So wird aus dem Zuhörer die Zuhörerin und aus dem Kunden die Kundin. Dass das auch im Fall der Friseurin und der Masseurin gilt, hat uns zu einem gewissen Umdenken gezwungen, lagen uns doch lange die Wörter Friseuse und Masseuse auf der Zunge. Solcherlei französierende Verweiblichung lässt sich hierzulande inzwischen allerdings nur noch die Souffleuse gefallen. Interessant ist der Fall der Spezialisten für die Zubereitung von köstlichem Kaffee. Ob es ein Mann oder eine Frau ist, entscheidet hier allein der Artikel – der oder die Barista.

Wie aber sprechen wir von einem weiblichen Gast? Auch hier die übliche »-in«-Form zu wählen und sich über eine »Gästin« zu freuen, wird von allerhöchster Sprachwahrerinstanz als korrekt bezeichnet. Im allgemeinen Sprachgebrauch aber irritiert diese Form. Dabei ist sie keineswegs weiblicher Sprachemanzipation geschuldet – ganz im Gegenteil: Gästin gehört zu den weiblichen Formen, die – wie auch die »Engelin« oder die »Geistin« – bereits im Wörterbuch von Jacob und Wilhelm Grimm aufgeführt und mit zahlreichen Belegstellen unterfüttert wurden. Auf dem Weg vom späten 19. ins 21. Jahrhundert war sie aus der Alltagssprache verschwunden: Umso erfreulicher, dass sie jetzt wiederentdeckt wurde und ihren Sprachplatz wiedererobert.

Wie löst die deutsche Sprache die Genderfrage

ODER KENNEN SIE »SUS«?

Sprache kann zuweilen ausgesprochen politisch sein. Wenig andere Themen haben das in den zurückliegenden Jahrzehnten so eindrucksvoll bewiesen wie das Ringen um eine sogenannte »geschlechtergerechte Sprache«. Als die Feministinnen in den 1970er-Jahren ihr gesellschaftliches Umfeld im Hinblick auf die Benachteiligung von Frauen durchforsteten, entdeckten sie schnell die Sprache als Tummelplatz männlicher Allpräsenz. Es könne doch nicht angehen, so ihre Argumentation, dass immer nur von Schülern und Lehrern, von Kollegen und Kunden, von Mitarbeitern und Bürgern die Rede sei, wenn mindestens fünfzig Prozent der so Titulierten weiblichen Geschlechts seien.

Das Ergebnis der in der Folge mit leidenschaftlichem Engagement von der einen, mit Unverständnis, Ablehnung, zuweilen auch spitzfindiger Häme von der anderen Seite geführten Auseinandersetzung ist: SuS! Die Abkürzung steht in diesem Fall für »Schülerinnen und Schüler«. Nach gleichem Muster sprechen wir heute ganz selbstverständlich von »Lehrerinnen und Lehrern«, »Bürgerinnen und Bürgern«, »Mitarbeiterinnen und Mitarbeitern«, »Kollegen und Kolleginnen«. Gleichstellung der Geschlechter durch sprachliches Sichtbarmachen heißt das zugrunde liegende Prinzip.

Ein zweites Prinzip ist das der Neutralisierung. Da gibt es eben keine »Studentinnen und Studenten« mehr, sondern nur noch »Studierende«, keine weiblichen oder männlichen Geschäftsführer, sondern nur noch eine »Geschäftsführung«.

Keine Frage, dass über die Sprach- auch die politische Debatte ein gutes Stück vorangebracht worden ist. Keine Frage aber auch, dass zumindest die sprachlichen Ergebnisse für Frauen und Männer, die sich als Ästheten verstehen, großenteils ausgesprochen unbefriedigend sind. »Frau« kann eben nicht alles haben!

Warum heißen immer mehr Mütter »Mama«

UND WESHALB TRIFFT MAN SIE IMMER HÄUFIGER IN DER ÖFFENTLICHKEIT?

———

Vielleicht wird in nicht allzu ferner Zeit der »Muttertag« zum »Mamatag« umbenannt. Denn in jüngster Zeit mutieren die »Mütter« im öffentlichen Sprachgebrauch immer häufiger zu »Mamas«. »Welcher Mutter-Typ ist Ihre Mama?«, fragt da ein Frauenmagazin. Ein Internetportal bietet »Geburtstagssprüche für die Mama« an, und eine öffentlich-rechtliche Musiksendung gratuliert zu bester Fernsehzeit allen »Mamas« zum »Muttertag«. Grundsätzlich ist gegen eine »Mama« ja überhaupt nichts einzuwenden, wenn das Wort im familiären Umfeld als Anrede benutzt wird. Als offizielle Verwandtschaftsbezeichnung jedoch gilt offiziell immer noch das Wort »Mutter«.

Innerhalb der familiären Anreden hat es im Lauf der Jahrhunderte zahlreiche Entwicklungen gegeben, die auch ein Stück Gesellschaftsgeschichte widerspiegeln. Weit weg sind gottlob jene Zeiten, in denen Kinder ihre Eltern noch siezten und mit »Frau Mutter« und »Herr Vater« ansprachen. In der 68er-Generation galt die Anrede mit dem Vornamen als Ausdruck antiautoritärer Kumpelhaftigkeit zwischen den Generationen. »Mutti« und »Vati«, im Osten, aber auch in Norddeutschland eine Zeitlang beliebt, haben den Rückzug angetreten. Heute liegt die »Mama« voll im Trend, ausgesprochen allerdings nicht mehr wie zu Thomas Manns gutbürgerlichen Zeiten mit Betonung auf der zweiten, sondern analog zur kleinkindhaften Wortbildung auf der ersten Silbe. In dieser Form schwappt die Anrede jetzt in den allgemeinen Sprachgebrauch über.

In jedem Fall haben die »Mamas« etwas süßlich Verniedlichendes, das weit entfernt scheint von dem Bild der starken »Müttergeneration« vergangener Jahrzehnte. Ob all die Powermütter, die heute souverän Familie und Job stemmen, sich mit einer solchen Bezeichnung wirklich wohlfühlen, sei dahingestellt.

Woher kommt der Ausdruck »o. k.«

UND WIESO IST ER NICHT STEIGERBAR?

W enn die Legende stimmt, dann haben nicht nur die Vereinigten Staaten dem deutschen General von Steuben die Steubenparade zu verdanken. Die Welt hätte ihm auch einen Begriff zu verdanken, der als das am häufigsten gebrauchte Wort überhaupt gilt, obwohl wohl nur die wenigsten wissen, was genau es bedeutet und woher es kommt.

Schauen wir also auf den General: Friedrich Wilhelm von Steuben, 1730 in Magdeburg zur Welt gekommen, war ein hoch dekorierter preußischer Offizier, der durch Vermittlung des damaligen amerikanischen Botschafters in Paris, Benjamin Franklin, 1777 in die USA kam und dort eine zweite militärische Karriere in Angriff nahm. Er wurde General der Kontinentalarmee, war Generalstabschef unter George Washington und gilt bis heute als Held – und militärischer Architekt – des amerikanischen Unabhängigkeitskrieges. Als 1957, 160 Jahre nach von Steubens Tod, deutschstämmige Amerikaner in Erinnerung an die Festumzugtraditionen ihrer Heimat in New York eine Parade ins Leben riefen, widmeten sie diese dem großen deutschen General, der so tief mit der Geschichte der USA verbunden war. Heute ist die alljährliche Steubenparade eines der größten Events im amerikanisch-deutschen Festkalender, das an prominentem Ort, mitten auf der Fifth Avenue stattfindet.

So weit die Historie. Die Legende weiß nun zu berichten, dass von Steuben zwar ein militärischer Kosmopolit, aber dennoch im Umgang mit fremden Sprachen, insbesondere mit dem Englischen, eher ungelenk war. Wenn er Dokumente, Briefe, Aufzeichnungen an seine Mitarbeiter freizugeben hatte, signierte er sie mit einem Kürzel, das aussagen sollte, dass »alles in Ordnung«, »all correct« sei. Da er aber mit der amerikanischen Schreibweise nicht vertraut war, schrieb er, was er hörte. So wurde aus »all correct« »oll korrekt« und daraus »o. k.«.

Der Ausdruck »o. k.« ist heute in zahllosen Sprachen der Welt, zumindest im umgangssprachlichen Bereich, beheimatet – und zwar sowohl in der abgekürzten als auch in der daraus hergeleiteten ausgeschriebenen Version »okay«. Und wer es nicht sprechen kann oder will, der zeigt seine Zustimmung mit einem aus Daumen und Zeigefinger gebildeten Kreis.

Über die charmante Steuben-Legende hinaus existieren zahlreiche andere Geschichten, die die Entstehung der Abkürzung zu erklären versuchen, wie beispielsweise die Herleitung über den Spitznamen des amerikanischen Präsidenten Martin Van Buren, »Old Kinderhook«, der mit OK abgekürzt wurde. Historisch belegt ist die schriftliche Verwendung der Abkürzung für das späte 18. bzw. frühe 19. Jahrhundert.

»Okay« kann heute vieles sein – eine Person (du bist o. k. für mich), eine Sache (das Buch ist okay), auch ein Sachverhalt (Es ist o. k., wenn du jetzt nach Hause gehst. Oder: Das muss noch besser werden, um wirtschaftlich okay zu sein). Was aber nicht richtig ist, ist die Beugung von »okay«: »Das war ein okayer Tag« ist nicht o. k. Zu den Besonderheiten im Gebrauch des Wortes gehört außerdem, dass es zwar substantivisch eingesetzt werden kann (sein Okay geben), aber keine Steigerungsmöglichkeiten bietet: Mehr als »in Ordnung« geht nun mal nicht.

Neben die einwilligende, Zustimmung ausdrückende Verwendung des Wortes lässt sich in jüngerer Zeit verstärkt ein Gebrauch feststellen, der sich vor allem durch seine Betonung in der gesprochenen Sprache erkennen lässt. Auffallend ist dabei die lang gezogene Dehnung der zweiten Silbe, bei der die Stimme fragend, vielleicht auch ungläubig oder eine Antwort hinauszögernd angehoben wird. Hinter der verbalen Zustimmung verbirgt sich dabei zumindest Zweifel, meist sogar Ablehnung. Zum Beispiel: »Ich denke, du solltest jetzt nicht noch ein Stück Kuchen essen!« – »Okaayy?!?!«

Was bedeutet Onomatopoesie

ODER WIE KRÄHT DER HAHN
IN FRANKREICH?

Wie sagt die Kuh? Muh! Und was macht der Esel? Iah! Und wie kräht der Hahn? Vorsicht: Wer mit Kindern lautmalerisch nachahmt, welche Geräusche die unterschiedlichen Tiere von sich geben, muss spätestens beim Hahnenschrei darüber nachdenken, ob die Kinder deutscher, französischer oder englischer Abstammung sind. Denn während der Hahn im Deutschen »Kikeriki« schreit, gibt er im Französischen

»Cocorico« von sich und im Englischen »Cock-a-doodle-doo«. Der Unterschied dürfte dabei eher im Ohr des Zuhörers denn in der Sprache der Tiere liegen, die sich in der Regel nicht an Sprachgrenzen gebunden fühlen.

Wo immer die Sprache sich der Lautmalerei bedient, heißt das in der Fachterminologie Onomatopoesie. Der kompliziert klingende Ausdruck kommt aus dem Griechischen (von »onoma« = Name und »poesis« = das Verfertigen, das Machen) und steht für die sprachliche Imitation eines Naturlautes oder eines anderen akustischen Phänomens. Denn nicht nur für Tierstimmen, auch für alle möglichen anderen Geräusche, Töne, Klänge arbeitet Sprache mit den Möglichkeiten der kreativen Laut-Nachbildungen – vom Ticktack der Uhr über das Plitschplatsch eines Wassertropfens bis zu dem schwer erträglichen Blabla eines geschwätzigen Gesprächspartners.

Anzutreffen ist Onomatopoesie besonders häufig in der Kindersprache, im Comic, aber durchaus auch in der Poesie. Und je nachdem, wie intensiv eine Lautmalerei benutzt wird, findet sie sogar Eingang ins Wörterbuch: Das Geräusch der Katze (miau) oder eines Schweins (quiek, quiek, quiek), der Ausruf des Schmerzes (au!) oder auch der der Freude (juhu!) sind hochoffiziell im Wörterbuch anzutreffen.

Entscheidende Verdienste für die Kreation neuer onomatopoetischer Wörter und für die Etablierung von Lautmalerei im Sprachgebrauch kommen Erika Fuchs zu, der »deutschen Stimme von Entenhausen« und »Grande Dame des deutschen Comics«. Sie gilt nicht nur als die »deutsche Stimme« der Familie Duck. Ihr Verdienst ist es auch, für Vorgänge, die in der Komprimiertheit der Comiczeichnungen schwer darstellbar waren, eine gleichsam eigene Sprachform kreiert zu haben: Dazu benutzte sie Verben, die sie auf ihren Wortstamm verkürzte, sogenannte Inflektive, also infinite und unflektierte Verben: Sowohl Geräusche (knarr, klimper, stöhn) als auch lautlose innere und sonstige Befindlichkeiten der Figuren (grübel, denk, seufz, zitter) konnten auf diese Weise in die deutschen Disney-Comics eingefügt werden. In Anerkennung der einzigartigen Sprachleistung, die Erika Fuchs damit erbracht hat, wird diese spezielle Form des Inflektivgebrauchs auch – scherzhaft – als »Erikativ« bezeichnet.

Nachhaltigen Einfluss hat die deutsche Comicsprache auf den gesamten Bereich moderner Handykommunikation genommen: In Kurznachrichten in den sozialen Netzwerken sind nicht nur alle möglichen Formen von Interjektionen (boing, rums, grrr) gebräuchlich. Auch Inflektive, häufig zwischen zwei * gesetzt, erfreuen sich dort großer Beliebtheit.

Auch in der Literatur hat die Onomatopoesie ihre Spuren hinterlassen. Lautmalerei und ihre Möglichkeiten, auf die faszinierenden Potenziale von Sprache aufmerksam zu machen, begeisterten Schriftsteller wie Paul Scheerbart (»Kikakokú!«) oder Christian Morgenstern (»Das große Lalula«), die Dadaisten rund um Hugo Ball und nicht zuletzt auch den Österreicher Ernst Jandl. Die Dadaisten gingen sogar so weit, dass sie Klanggedichte entwickelten, die Hugo Ball »Verse ohne Worte« nannte und die sich ausschließlich auf die Klangwirkung ihrer Laute verließen.

Was ist der Plural von »Pizza«

UND WARUM SIND UNS DIE ITALIENISCHEN WÖRTER SO WILLKOMMEN?

Die Liebe der Deutschen zu Italien ist legendär. Italien, das sind spätestens seit Goethes leidenschaftlichen Sehnsuchtsbekenntnissen der sonnige Süden, die Inkarnation mediterraner Leichtigkeit, die ideale Landschaft der Heiterkeit, der Schönheit, der Kunst und der Liebe.

Als dann, nach dem Ende des 2. Weltkriegs, die ersten Italiener nach Deutschland kamen und Eis, Pizza und Pasta im Gepäck hatten, da erlebte die Italienbegeisterung eine neuerliche kulinarische Blütezeit, die bis heute anhält. Davon kann auch die Sprache ein (italienisches) Liedchen singen. Mit »Pasta«, »Cappuccino« und »Tiramisu« gehen wir heute so selbstverständlich um, als hätten wir sie schon in der Wiege serviert bekommen. Allenfalls die sprachlichen Finessen bereiten uns Kummer: Wie spricht man »Gnocchi« richtig aus? Und wie heißt der Plural von »Pizza« oder »Cappuccino«? Sprachexperten raten hier zu Gelassenheit, denn richtig sind »Pizzas«, »Pizzen« und »Pizze« bzw. »Cappuccino«, »Cappuccinos« und »Cappuccini«. Jeweils die letzte Pluralbildung hilft, wenn man sich mit dem Anschein weltläufiger Souveränität schmücken will. Dann allerdings sollte man wissen, dass es falsch wäre, zwei »Espressi« zu bestellen, wenn man zwei kleine starke Kaffees nach dem Essen meint. Die heißen im Italienischen nämlich »Caffè«.

Rund 600 Entlehnungen aus dem Italienischen, so haben Sprachforscher herausgefunden, gibt es im Deutschen. Ihre »Entlehnung« reicht teilweise bis ins Spätmittelalter zurück. Dabei machen die kulinarischen Anleihen nur einen geringen Teil aus. Viel älter sind dagegen entliehene Begriffe aus dem Bankwesen (Agio, Konto, Kredit) sowie aus Kunst und Musik (Fresko, Tempera, Kantate). Und zuweilen verwenden wir sogar in der Alltagssprache Wörter, deren italienische Wurzeln wir längst vergessen haben – wie Ambiente, Diva oder Primadonna.

Was ist ein Postskriptum

UND WELCHE BEDEUTUNG HAT ES IN DER MODERNEN E-MAIL-KORRESPONDENZ?

Bücher füllende Briefwechsel zwischen guten Freunden, berühmten Eheleuten oder Forschern gehören zu den bedeutsamen Dokumenten unserer Kulturgeschichte. Es sei »ein groses Glück, wenn man korrespondirt«, hat einst Johann Wolfgang von Goethe konstatiert. Und in der Tat: Einblick in die leidenschaftliche Liebesbeziehung zwischen Honoré de Balzac und Eva Hanska verdanken wir allein der umfangreichen Korrespondenz der beiden – Balzac soll insgesamt 1550 Briefe geschrieben haben, von denen rund 500 erhalten geblieben sind. Die sogenannten »Brautbriefe« zwischen Dietrich Bonhoeffer und seiner Verlobten Maria von Wedemeyer aus den Jahren 1943 bis 1945 sind nicht nur ein privates, sondern auch ein einzigartiges zeitgeschichtliches Dokument. Und unser Wissen über die emotionale und intellektuelle Gemengelage

deutsch-jüdischer Autoren im Vorfeld des Zweiten Weltkriegs ist nicht zuletzt durch den intensiven Briefwechsel zwischen den so unterschiedlichen Freunden Stefan Zweig und Joseph Roth geprägt worden.

Was all diese Korrespondenzleistungen – jenseits ihrer Inhalte – so besonders macht, sind die ganz praktischen Rahmenbedingungen ihres Entstehens. Denn keiner der Briefschreiber des 18., 19. oder frühen 20. Jahrhunderts verfügte über elektrische Schreibmaschinen mit Korrekturtaste, geschweige denn

Computerprogramme mit integrierter Rechtschreibkorrektur. Fehler mussten durchgestrichen und verbessert werden. Und für alles, was man beim Schreiben vergessen hatte, musste – sofern man nicht ganz von vorn beginnen wollte – ein »Postscriptum« eingefügt werden. »Nachsatz« oder »Nachschrift« wurden diese meist unterhalb der Unterschrift hinzugefügten Anhänge und Ergänzungen im Deutschen auch lange genannt. Heute sind dafür der aus dem Lateinischen hergeleitete Begriff – und die entsprechende Abkürzung »PS« – üblich. Dabei kommt es auf die Feinheiten der Schreibung an: Denn korrekt ist die Abkürzung nur mit den zwei Großbuchstaben, ein Doppelpunkt vor dem Nachsatz kann, muss aber nicht eingefügt werden. Alle anderen häufig benutzten Abkürzungen – »PS.« oder »P.S.« oder gar »p.s.« – sind dagegen falsch.

Kann es nicht bei einem Nachsatz bleiben, weil einem Schreiben mehrere Anhänge hinzuzufügen sind, die aber losgelöst voneinander stehen, kann man durchaus auch ein zweites oder drittes Postskriptum anhängen: Dafür gelten dann die Abkürzungen PPS (zweites Postskriptum) und PPPS (drittes Postskriptum).

Von seiner ursächlichen Entstehung her hat sich das Postskriptum in Zeiten moderner elektronischer Kommunikation überholt. Wer ein Wort, einen Satz, eine Information in einer Mail oder einer Kurznachricht vergessen hat, kann diese noch beliebig in den Text einfügen. Dennoch erfreuen sich PS-Nachträge nach wie vor großer Beliebtheit.

Dabei geht es heute weniger darum, etwas im eigentlichen Schreiben Vergessenes nachzuliefern. Vielmehr kann durch die nachgeschobene Einfügung eine Trennung zwischen »offiziellem« und »halb offiziellem« bzw. »persönlichem« Text auch optisch demonstriert werden. Darüber hinaus kann ein besonderer Akzent gesetzt und einer PS-Anmerkung somit eine herausgehobene Bedeutung gegeben werden. Insofern ist zumindest an diesem Punkt die Kontinuität der Briefkultur gewährleistet.

Ob eines Tages den versammelten Mail-, Twitter- oder WhatsApp-Korrespondenzen eine ähnliche Qualität zugesprochen werden wird wie der Briefkultur früherer Epochen, bleibt abzuwarten.

Wie veränderte sich die pronominale Anrede

ODER SEIT WANN SAGEN WIR ZUM HERRN VATER »DU«

Das waren noch Zeiten, als der Chef im Unternehmen selbst seine engsten Mitarbeiterinnen niemals – zumindest niemals öffentlich – geduzt hätte. Dass Herr Müller mit Fräulein Meyer heimlich ein Techtelmechtel hatte und sie beim Tête-à-Tête natürlich liebevoll duzte, sollte ja niemand wissen. Allerdings geschah es zuweilen, dass Herrn Müller in einem unbedachten öffentlichen Moment dann doch ein »Du« herausrutschte – was die Kolleginnen und Kollegen von Fräulein Meyer mit interessiertem Grinsen zur Kenntnis nahmen. Herr Müller und Fräulein Meyer hatten fortan ihren Spitznamen in der Firma weg: Hinter vorgehaltener Hand hießen sie nur noch das »Ehepaar DuSie«. Ginge es nach den unermüdlichen Pseudosprachdemokraten, wäre das förmliche Anrede-»Sie« längst aus unserer Sprache verschwunden und hätte das gleiche Schicksal erlitten wie einst das »Ihr« (»Habt Ihr Hunger, Vater?«) und das »Er« als Anrede (»Wie mag Er seinen Kaffee?«). Mit dem Einheits-»Du« wären dann – anredetechnisch – alle gleich: der Vorgesetzte, der Fremde, die Bundeskanzlerin und der Papst.

So weit wird es allerdings so schnell nicht kommen, denn auf die feine sprachliche Differenzierung zwischen den Menschen, die eine gewisse familiäre oder freundschaftliche Nähe zueinander verbindet, und den vielen anderen, denen man – aus welchen Gründen auch immer – mit größerer Distanz begegnet, mögen die deutschen Sprachschützer dann doch nicht verzichten. Allerdings sind die Vorgaben, wann welche Anrede zu benutzen ist, heute deutlich flexibler und individueller zu gestalten als noch vor Jahrzehnten. Wichtig ist nur, dass mit dieser Entscheidung auch alle Beteiligten gut leben können. Eine Herausforderung besonderer Art ist immer noch die Frage, wer wem das »Du« anbieten darf und wann dafür der richtige Zeitpunkt gekommen ist.

Woher kommt der Begriff »saugut«

UND WARUM IST ER IMMER TRUMPF?

———

Wie arm wäre unsere Sprache, wenn wir nicht all die vielen Redensarten, Vergleiche, Wortschöpfungen hätten, die sich der Tierwelt bedienen. Jemand zwitschert »wie ein Vögelchen«, schläft »wie ein Murmeltier«, ist stark »wie ein Löwe« oder hat ein Gedächtnis »wie ein Elefant«. Unsere Liebsten betiteln wir als »Mäuschen« oder »Hasi«. Und wenn es sich jemand mit uns verscherzt hat, schimpfen wir sie oder ihn »eine blöde Kuh« oder einen »Hornochsen«. »Tierisch« gut findet das die Umgangssprache, in der man ja auch »tierisch müde« sein oder »tierischen Hunger« haben kann. Wo immer Tiere zum Vergleich herangezogen werden, geht es weniger um konkrete biologische Fakten als vielmehr um bestimmte menschliche Eigenschaften, die wir auf die Tiere projizieren.

Anders verhält es sich in den Fällen, in denen »tierische« Begriffe zur Wortbildung benutzt werden – man denke an die »Affenhitze«, an »Bienenfleiß« oder »Saukälte«. Gerade die »Sau-« als Vorsilbe erfreut sich enormer Popularität – von »Sauwetter« über »saustark« bis »sauschlecht«. Während manche Sprachforscher in der Redensart »unter aller Sau« eine Herleitung aus dem Jiddischen »seo« vermuten, das für Maß oder Maßstab steht, ist das als Vorsilbe benutzte »sau-« wohl eher als Verstärkung des eigentlichen Ausdrucks zu deuten: »Saukälte« ist ohne Frage viel schlimmer als normale Kälte! Hier entspricht »sau« dem Image des Schmutzigen, Unangenehmen, das dem Tier im »Saustall« seit jeher vorauseilt. In jüngerer Zeit lässt sich allerdings auch ein eher positiver Gebrauch feststellen: Wenn etwas »saustark«, »saugut« oder »saukomisch« ist, kann es ja fast schon als optimal gelten. Hier könnte eine andere Herleitung zum Tragen kommen, die Sprachexperten bis in das 19. Jahrhundert und das grimmsche Wörterbuch zurückführen, als es im Kartenspiel eine Asskarte gab, auf der eine Sau gezeigt wurde. Wer die ziehen und damit trumpfen konnte, hatte Glück – »Sauglück« eben!

Was sind Scheinanglizismen

ODER HABEN SIE IN ENGLAND SCHON MAL EINEN BEAMER GEKAUFT?

Ob Aftershave oder Carport, Fast Food oder Mountainbike: Der kleine Sprach-Grenzverkehr zwischen dem Deutschen und dem Englischen funktioniert hervorragend – zumindest hinsichtlich der Durchlässigkeit der deutschen Sprache für Wörter, die aus dem Englischen adaptiert werden. An solcherlei Anglizismen haben wir uns gewöhnt, und sie können durchaus eine Hilfe sein, sich auch jenseits der deutschen Sprachgrenzen zu verständigen. Umso mehr muss es erstaunen, wenn der Wunsch nach einem »Handy« oder einem »Beamer« im englischen Fachgeschäft zu ratlosem Achselzucken aufseiten des Verkäufers führt. Wie soll er auch verstehen, was des deutschen Kunden Herz begehrt! Schließlich ist für ihn das mobile Telefon ein »mobile phone« und der Videoprojektor ein »projector«.

Schein- oder Pseudoanglizismen heißen solche Wörter in der Sprachwissenschaft, denn sie klingen, als seien sie aus dem Englischen übernommen worden, in Wirklichkeit jedoch handelt es sich um Pseudoentlehnungen, die in der Muttersprache nicht bekannt sind oder dort eine ganz andere Bedeutung haben. Das kann einen deutschen Touristen im englischsprachigen Ausland unter Umständen in arge Bedrängnis führen. Man stelle sich vor, er fragt als leidenschaftlicher Fußballfan nach einer »Public-Viewing«-Möglichkeit und ahnt nicht, dass damit im Englischen die öffentliche Aufbahrung einer Leiche gemeint ist. Oder er fragt nach einem praktischen »bodybag« und wundert sich, dass man ihn an ein Beerdigungsinstitut verweist, wo Leichensäcke zum Sortiment gehören. Junge Damen, die in Deutschland verdienstvolle Sozialarbeit leisten, sollten sich tunlichst nicht als »streetworker« vorstellen, denn das würde ein Engländer immer mit »streetwalker« gleichsetzen – und sich wundern, weshalb deutsche Frauen sich dazu so unverblümt bekennen.

Was sind Verb-Immigranten

UND WIE FINDEN SIE SICH
IM DEUTSCHEN ZURECHT?

———

*H*aben Sie heute schon gebloggt? Und eine Runde gejoggt? Und vorher vielleicht ein Stündchen im Internet gesurft? Anschließend ein bisschen relaxt? Oder dafür gesorgt, dass endlich die lästige Büroarbeit outgesourct wird? Dann sollten Sie sich am Ende des Tages vielleicht einmal die Frage stellen, wie Sie denn überhaupt noch in Ihrem Sprachalltag zurechtkämen, wenn es dort nicht so viele Sprachimmigranten gäbe.

Die Aufnahme von Anglizismen in die deutsche Sprache hat in den vergangenen Jahrzehnten rapide zugenommen. Und entgegen landläufiger Meinung handelt es sich dabei keineswegs überwiegend um Substantive, auch die Zahl der immigrierten Verben ist deutlich angestiegen. Sie vor allem machen deutlich, wie der Prozess der »Eindeutschung« vonstatten geht. Spätestens wenn englische Verben nach deutschen Sprachregeln flektiert werden, können sie als »vereinnahmt« gelten.

Allerdings fangen dann die Probleme erst richtig an: Denn wenn schon eingedeutscht wird, dann auch richtig. Will sagen: Englische Grammatikregeln verlieren an diesem Punkt komplett ihre Gültigkeit. Konjugiert werden englische Verben wie ein schwaches Verb im Deutschen. Folglich heißt es: »er hat designt«, nicht: »er hat designed«. Und also schreibt man: »sie haben gedatet« und nicht: »sie haben gedated« und: Er hat

»gefightet«, nicht: »Er hat gefighted« (was zudem auch noch im Englischen falsch wäre!). Denn nur im Englischen wird das Partizip regelmäßiger Verben mit -ed gebildet, im Deutschen dagegen erfolgt die Bildung mit der Grundform des Verbs und angehängtem -t.

Auch in den Imperfektformen sorgt so manche Eindeutschung, obwohl grammatikalisch völlig korrekt, optisch für Irritationen: er switchte, sie crashte, wir bikten. Manchmal ist es auch sprachlich besser, einfach Fahrrad zu fahren ...

Feiern Sie noch Weihnachten oder schon X-mas

ODER WER HAT EIGENTLICH DEN WEIHNACHTSMANN ERFUNDEN?

Am Anfang war der Nikolaus. Der Heilige Nikolaus, der auf den im 4. Jahrhundert lebenden Bischof Nikolaus von Myra zurückgeht, wurde schon im 6. Jahrhundert von der Ostkirche als Wohltäter der Armen und Kinder gefeiert. Im 11. Jahrhundert entwickelte sich der Nikolauskult auch in Europa – ihm zu Ehren wurden an seinem Namenstag, dem

6. Dezember, Kinder mit kleinen Geschenken bedacht. Während des 19. Jahrhunderts entwickelte sich die Vorstellung des Weihnachtsmanns, der quasi eine Verschmelzung aus dem Heiligen Nikolaus und seinem Gefährten Knecht Ruprecht war. Vom Nikolaus blieben die Sitte, den braven Kindern Geschenke zu bringen, und der (Bischofs-)Mantel übrig. Von Knecht Ruprecht wurden die Rute für die unartigen Kindern sowie Stiefel und Sack übernommen. Seine weltweite Vermarktung erfuhr der Weihnachtsmann dann in den 1920er-Jahren durch den Getränkehersteller Coca-Cola, dem aber bei der »Erfindung des Weihnachtsmanns« grundsätzlich zu viel Einfluss beigemessen wird.

Zu dieser Fehleinschätzung im Zuge der Geißelung der Kommerzialisierung gesellt sich eine weitere: Wenn heutzutage jemand »X-mas« oder »Xmas« statt »Weihnachten« feiert, mag dies in deutschen Ohren supermodern klingen, als handele es sich einmal mehr um einen jener Anglizismen, mit denen wir sprachmodisch so gern kokettieren. Nur leider ist dies so nicht ganz richtig: Denn das »X« in »X-mas« steht für die Silbe »Christ« in »Christmas«. Und die entsprechende Erklärung führt zurück ins Altgriechische, wo »X« für »Chi« steht und »Chi« und »Rho« (XP) Abkürzung für das Wort »Christos« sind. Da hat es doch besonderen Charme, dass für den »Verein Deutsche Sprache« (VDS) das Wort X-mas »das überflüssigste und nervigste Wort des Jahres 2008« war, weil es all das ignoriere, was sich mit deutscher Weihnacht verbindet, wie etwa die »Christlichkeit«.

Sprachphänomene

Wozu dient ein Apostroph

UND WESHALB SOLLTE MAN
IHN IM DEUTSCHEN ETWAS SCHONEN?

*E*igentlich ist es nur ein winziges Zeichen in der Buchstaben-Landschaft, allerdings eines, das häufig für Probleme sorgt. Das fängt schon beim korrekten Artikel an: Denn der Apostroph ist ein Maskulinum, auch wenn er früheren Generationen gern als Neutrum präsentiert wurde. Auch Typografen bereitet der Apostroph Mühe, müssen sie doch beharrlich auf die optischen Unterschiede etwa zu den im Französischen gebräuchlichen Akzenten (Accent grave und Accent aigu) hinweisen: Während diese sich lediglich als feiner Strich über dem jeweiligen Vokal zu erkennen geben, ist der Apostroph ein leicht gebogener Strich mit gefüllter Punze ('), der Ziffer 9 ähnlich, bei manchen Computerschriftarten allerdings nur durch eine spezielle Tastenbelegung zu generieren.

Bleibt das Problem der grammatikalisch richtigen Verwendung: Hier steht Beliebtheit gegen Korrektheit. Von »inflationärem« Missbrauch reden Sprachexperten – unter Verweis etwa auf den falschen Genitivapostroph in »Kalle's Kneipe«, auf den ebenfalls beliebten und ebenso falschen Pluralapostroph bei »milden Tee's« und »CD's mit aktuellen Hit's« oder auf den unzulässigen Imperativapostroph (»hol' mir mein Bier«).

Von seinem Wesen her ist der Apostroph ein Auslassungszeichen, und obligatorisch wird er so vor allem benutzt, wenn innerhalb eines Wortes Buchstaben wegfallen (Ku'damm, ew'ge

Ruh) sowie zur Unterscheidung des Genitivs bei Wörtern, die auf einen Zischlaut (-s, -x, -z, -sch) enden (»Franz' Referat über Sophokles' Stücke«). Darüber hinaus sollte man den Apostroph im Deutschen nicht unnötig strapazieren: Eine Sprachstudie hat gezeigt, dass er im Italienischen mehr als 600-mal und im Französischen gar mehr als 1000-mal häufiger zum Einsatz kommen muss als im Deutschen.

Warum sind deutsche Artikel die perfekten Begleiter

UND WIE WEIBLICH SIND SIE EIGENTLICH?

Um mit Letzterem gleich zu beginnen: sehr weiblich! Nicht weniger als 46 Prozent aller deutschen Substantive haben einen weiblichen Artikel. Nur 34 Prozent führen einen männlichen und gar nur 20 Prozent einen neutralen Artikel. Erstaunlich? Eigentlich nicht – denn wer will es einem Substantiv schon verdenken, dass es sich im Zweifel lieber von einem sonnig-fröhlichen »die« als von einem dumpf-dunklen »der« begleiten lassen will! Und von einem neutralen »das« flankiert zu werden, ist wahrhaftig »weder Fisch noch Fleisch«. Dass ausgerechnet das »Substantiv« und auch noch sein Synonym, das »Nomen«, sich für das neutrale »das« entschieden haben, kann man da getrost als Akt gehobener sprachlicher Diplomatie deuten.

Ganz schlaue Substantive (immerhin 1,3 Prozent) haben sich komfortabel für das Führen von zwei Artikeln entschieden: der See und die See; der Erbe und das Erbe; die Leiter und der Leiter. Nomen, die sogar zwischen allen drei Artikeln wählen können, sind allerdings die ganz große Ausnahme (0,02 Prozent): der Band (Buch), das Band (im Haar, zum Beispiel), die Band (Musikgruppe). Eine Ausweichlösung haben schließlich diejenigen Substantive gewählt, die sich gegen jedwede Artikelbegleitung entschieden haben – häufig Namen wie Aids, Allerheiligen oder Österreich: Laut Statistik sind das gerade mal knapp 0,1 Prozent.

Eigenständigkeit und eine eigene inhaltliche Bedeutung haben Artikel in der deutschen Sprache nicht. In älteren Grammatiken werden sie daher zuweilen auch explizit als »Begleiter« deklariert. Diese Aufgabe allerdings nehmen sie in der Tat gewissenhaft und ernsthaft wahr: Denn immerhin kongruieren sie mit dem jeweiligen Nomen, dem sie sich angeschlossen haben, nicht nur hinsichtlich des Genus, sondern auch mit Blick auf den jeweiligen Numerus und Kasus.

Wann ist ein Bindestrich eine gute Idee

UND WESHALB IST ER EIN SPRACHLICHES FREIHEITSSYMBOL?

---

*E*s gibt Wimmelbilder – und Wimmelwörter. Bei Letzteren ist die Anhäufung und Aneinanderreihung von Buchstaben so heftig, dass selbst das geübte lesende Auge alle Mühe mit dem Entziffern hat: »Stadtverwaltungsoberinspektorin« bringt es immerhin auf 31, »Unternehmenssteuerfortentwicklungsgesetz« auf 40 und »Verkehrsinfrastrukturfinanzierungsgesellschaft« auf ganze 46 Buchstaben in Folge. Deutlich besser geht es so: Die Stadtverwaltungs-Oberinspektorin und das Unternehmenssteuer-Fortentwicklungsgesetz sollten dem Bindestrich zutiefst dankbar sein, dass er sich ihres optischen Erscheinungsbilds so wohltuend annimmt. Gleiches gilt für die Tee-Ernte (Teeernte) oder, gravierender noch, für das Druck-Erzeugnis bzw. das Drucker-Zeugnis: Hier verändert der kleine Strich am anderen Ort die gesamte Wortbedeutung!

So kreativ die deutsche Sprache beim »Erfinden« immer neuer Wortkomposita ist, so großzügig ist sie zumindest an diesem Punkt auch einmal mit der fakultativen Möglichkeit des Einsatzes von Bindestrichen. Immerhin bleibt es dem einzelnen Schreiber überlassen, ob er sich – um Missverständnisse zu vermeiden oder einen besonderen Akzent zu setzen – im einen oder anderen Fall für einen Bindestrich entscheidet:

Ob »Außer-Acht-Lassen« oder »Außerachtlassen«, »Knowhow« oder »Know-how«, »Schiller-Museum« oder »Schillermuseum«: Welche Sprachfreiheit, sich hier nach eigenem Empfinden für oder gegen den Bindestrich entscheiden zu dürfen! Nur eine Alternative scheidet aus: die Zerstückelung von Substantivkomposita in einzelne, unverbunden aneinandergereihte Wörter. »Luxus Schlitten« und »Haus Arrest« am »Freitag Abend« sind schlichtweg falsch, auch wenn hier englische Sprachregeln oder eine missverstandene Rechtschreibreform (man darf jetzt doch alles auseinanderschreiben) anderes suggerieren.

Wie buchstabiert man richtig

UND WESHALB MACHT DER »ÄRGER« DABEI ÄRGER?

Kennen Sie die DIN 5009? Kennen Sie nicht? Dann haben Sie wohl auch noch nie schreibgerecht diktieren müssen. Die erstmals 1983 veröffentlichte Norm definiert nämlich Regeln für das Phonodiktat. Und sie lenkt die Aufmerksamkeit auf das Buchstabieralphabet, das mit einem »normalen« Alphabet die jeweiligen Anfangsbuchstaben und deren Reihenfolge gemein hat

Berta Ulrich Charlotte Samuel Theodor Anton Berta Emil Nordpol: So wären die »Buchstaben« nach dem gültigen deutschen Buchstabieralphabet zu diktieren. Erstmals im Jahre 1903 wurde ein solches Alphabet veröffentlicht, bei dem jedem Buchstaben ein Name zugeordnet wird. Sinn dieser Auflistung ist die Übermittlung schwer verständlicher oder kompliziert zu schreibender Wörter via Funk, Telefon oder Diktat.

Für die weltweite Verständigung gibt es – seit 1944 – auch ein internationales Buchstabieralphabet. Da ergeben die »Buchstaben« Bravo Uniform Charlie Hotel Sierra Tango Alpha Bravo Echo November. Anders als das deutsche verfügt das internationale Buchstabieralphabet nicht über einen eigenen Begriff für den »ch«-Laut: Aus »Charlotte« wird daher »Charlie Hotel«. Darüber hinaus sind auch die deutschen Umlaute »Ä«, »Ö« und »Ü« international nicht vertreten. »Ärger«, »Ökonom« und »Übermut« müssen daher A-E, O-E oder U-E buchstabiert werden.

Beim Buchstabieren im Deutschen kommt es heute an zwei Punkten zu Irritationen: Beim »S« wird »Samuel« statt »Siegfried« und beim »Z« »Zeppelin« statt »Zacharias« verwendet. Die Erklärung ist einfach: 1933 musste das Buchstabieralphabet von (vermeintlich) jüdischen Namen bereinigt werden. »Siegfried« und »Zeppelin« wurden damals neu eingeführt und sind im Bewusstsein erhalten geblieben, obwohl im Zuge der DIN-5009-Norm offiziell eine Rückkehr zu den ursprünglichen Namen erfolgte.

Wer hat eigentlich das Fragezeichen erfunden

UND WAS HABEN ÄGYPTISCHE KATZEN DAMIT ZU TUN?

Zweimal derselbe Satz – und doch liegen Welten dazwischen: »Du gehst jetzt zum Chef!« – »Du gehst jetzt zum Chef?« Um die nachdrückliche Aufforderung im ersten und das skeptische, irritierte, entsetzte Hinterfragen im zweiten Beispiel herum lassen sich mit etwas Fantasie zwei komplett unterschiedliche Geschichten erzählen. Ermöglicht wird dieser Deutungsunterschied allein durch das Zeichen am Ende des Satzes. Was aber hat es mit dem Fragezeichen auf sich? Und wo kommt es überhaupt her?

Ins Reich der Legenden gehört jene Deutung, die den Ursprung des gebogenen Zeichens mit dem Punkt ins alte Ägypten zurückdatiert: Während man das Ausrufezeichen dem gerade aufgestellten Schwanz einer aufgeregten Katze nachempfunden habe, sei das Fragezeichen optisch an den gebogenen Schwanz einer neugierigen Katze angelehnt worden, so die Erklärung. Belegbar dagegen ist, dass Karl der Große im Rahmen seiner Schriftreformen das Fragezeichen – wie auch andere Satzzeichen – erstmals zu notwendigen Ergänzungen einer klaren und gut lesbaren Schrift erklärte.

Seine heutige Form erhielt das Fragezeichen dann im weiteren Verlauf der Schriftgeschichte, unter Umständen im Zuge der Entstehung des Buchdrucks als Verknappung des lateinischen Wortes »quaestio« (Frage). »Quaestio« wurde an den Schluss eines Fragesatzes gestellt, um diesen als einen solchen zu kennzeichnen. Im Laufe der Zeit wurde es dann mit »Qq« abgekürzt, später wurde das große »Q« über das kleine »q« gesetzt, was schlussendlich zu der geschwungenen Form des Fragezeichens führte.

Als Kennzeichnung der Frage hat das Fragezeichen quasi philosophische Bedeutung, signalisiert es doch das Streben nach mehr Erkenntnis und das Infragestellen des Gegebenen.

Wie verwendet man den Gedankenstrich

UND WESHALB KOMMT ES BEI IHM AUF DIE LÄNGE AN?

Beliebigkeit birgt ein hohes Risiko. Davon kann der Gedankenstrich ein Lied singen. Er gehört zu den Satzzeichen, die man verwenden kann, aber nicht verwenden muss – und die deshalb heute eher selten zum Einsatz kommen. Schade eigentlich, denn wenn er benutzt wird, eröffnet er komplexe

Deutungshorizonte. Deshalb erfreute er sich auch seit seiner »Erfindung« im 17. Jahrhundert insbesondere bei Poeten und Literaten ausgesprochen großer Beliebtheit. Geradezu legendär ist der wohl berühmteste Gedankenstrich der deutschen Literaturgeschichte, den Heinrich von Kleist in der Novelle »Marquise von O…« geschickt an jener Stelle verwendet, an der

er als Platzhalter für einen vollzogenen Beischlaf inklusive der Zeugung eines Kindes dienen muss.

Der Gedankenstrich als Satzzeichen für das Unsagbare, für eine Erinnerungslücke, für einen Gedankeneinschub oder als Leerraum zum Atemholen, ehe ein neuer, gegensätzlicher, besonders gewichtiger Gedanke oder Satz folgen: Der Gestaltungsspielraum dieses simplen Strichs, der typografisch der längste unter allen horizontalen Strichen ist, bietet der Fantasie des Schreibenden geradezu unendliche Möglichkeiten – oder, um mit Heinrich Heine zu sprechen: »Dieser Strich bedeutet ein schwarzes Sofa, und darauf passierte die Geschichte, die ich nicht erzähle.«

Was die korrekte Platzierung des Gedankenstrichs im Schriftbild anbelangt, kommt es entscheidend auf die Alleinstellung an: Vor dem Gedankenstrich bedarf es immer – und meist auch nach einem Gedankenstrich – eines Leerzeichens. Das ist bei vielen Tastaturbelegungen am Computer die Voraussetzung dafür, dass aus einem einfachen Minuszeichen (bei eingeschalteter Autokorrektur-Option) automatisch ein korrekter langer Gedankenstrich wird.

Was sind Homografe

ODER WARUM STREITEN GERMANISTEN UND PAKETDIENSTE UM DIE VERSENDUNG?

Was verbindet »August« mit »Heroin« und »umfahren« mit »übersetzen«? In allen vier Fällen handelt es sich um Homografe, um Wörter, die – obschon gleich geschrieben – unterschiedliche Bedeutung haben können, abhängig davon, wie sie betont bzw. ausgesprochen werden. August ist ein Männername, der August ein Sommermonat. Heroin ist ein Rauschgift, eine Heroin eine Heldin. Wenn ich jemanden umfahre, ist das ein Unfall mit Personenschaden; wenn ich einen Ort umfahre, mache ich einen weiten Bogen außen herum. Übersetzen meint die Übertragung eines Textes in eine andere Sprache; zuweilen allerdings müssen wir auch übersetzen, mit einer Fähre zum Beispiel, um ans andere Ufer eines Sees oder Flusses zu gelangen.

Während in diesen Fällen die unterschiedliche Bedeutung der Wörter lediglich hörbar ist, kommt in einer anderen Gruppe von Homografen die Wortfuge zu Hilfe, die – je nach Bedeutung – an unterschiedlichen Stellen im Wort platziert ist: In diese Gruppe gehören »Staubecken« (Staub-ecken oder Stau-becken), »Beinhaltung« (Be-inhaltung oder Bein-haltung), »Wachstube« (Wach-stube oder Wachs-tube) und »Versendung«: Während es im letzteren Fall den Germanisten eher um besonders klangvolle »Vers-endungen« geht, legen Paketdienste eher Wert auf die rechtzeitige »Ver-sendung«. Im Fall von »Band« ergibt sich der Unterschied aus dem Geschlecht und entsprechend aus dem jeweiligen Artikel (das oder die) sowie der Aussprache. Ebenfalls einem eingewanderten Fremdwort zu verdanken ist der Doppelsinn von »Montage« (Plural des Wochentags bzw. Auf-, Zusammenbau). Der Rechtschreibreform zum Opfer gefallen ist allerdings der Homograf »Bettuch«: Denn neben dem Tuch zum Beten wird seit der Reform das Tuch fürs Bett mit drei »t« geschrieben.

Was hat es mit Homonymen auf sich

UND WARUM NENNT MAN SIE IM VOLKSMUND »TEEKESSELCHEN«?

*I*n diesem Absatz wird von Homonymen und Polysemen die Rede sein. Aber viel schöner, weil viel rätselhafter, ist es doch, über »Teekesselchen« zu reden. Gemeint ist dasselbe: Es geht um Wörter, die nach Herkunft und Bedeutung verschieden – und damit mehrdeutig – sind, aber in Schreibweise und Lautung übereinstimmen: der Heide und die Heide, der Leiter und die Leiter, das Tau und der Tau.

In Zeiten, in denen Spiele in der Familie oder im Freundeskreis noch nicht riesiger kommerzieller Spiellandschaften bedurften, erfreute sich das Teekessel-Spiel großer Beliebtheit. Bei diesem Spiel treten zwei Spieler oder zwei Gruppen gegeneinander an. Die eine Gruppe verständigt sich auf ein Homonym, das die andere Gruppe erraten soll. Die »Teekessel« genannten Wörter und deren Doppelbedeutung werden dann umschrieben, natürlich ohne das Wort selbst zu nennen. Ziel des Spiels ist es, die zu erratenden Wörter mit so wenig Erklärungen wie möglich zu ermitteln.

Im Umfeld dieses alten Spiels liegt auch eine der Erklärungen für den Begriff »Teekessel«: So wird das Spiel bereits in einem alten englischen Spielebuch (Mary White »The Book of a Hundred Games«) aus dem Jahr 1896 erwähnt und läuft dort unter dem Namen »Teapot«. Möglicherweise, so die Deutung, seien die Lösungen in der Frühzeit des Spiels auf Zettel notiert und diese Zettel dann in einem Teekessel versteckt worden. Schließlich herrschte in englischen Haushalten an Teekesseln in der Regel ja kein Mangel.

Eine andere Erklärung des Begriffs geht in die deutsche Sprachgeschichte zurück. Dort findet sich – zum Beispiel im grimmschen Wörterbuch – der Hinweis, dass »Teekessel« die Bezeichnung für einen Dummkopf sei. »Du Teekessel« meinte jemanden, der besonders begriffsstutzig war und unter Umständen mehrere Erklärungsanläufe benötigte, bis er etwas endlich verstanden hatte: Auch so ergibt der Name für das Spiel einen Sinn.

Bleibt die Frage, wie es zum Entstehen von gleichlautenden Wörtern mit unterschiedlicher Bedeutung kommen konnte. Hier unterscheiden die Sprachforscher zwischen Homonymen und Polysemen. Homonyme sind Wörter, die aus unterschiedlichen Morphemen entstanden, aber im Lauf der Zeit zu gleichlautenden Wörtern verschliffen wurden: Der »Kiefer« als Teil des Schädels zum Beispiel geht auf das mittelhochdeutsche »kiver« zurück. Die »Kiefer« im Garten leitet sich von althochdeutsch »kienforha« her. Der einzige Unterschied heute liegt im Genus der Wörter.

Haben die gleichlautenden Wörter eine gemeinsame etymologische Wurzel, aus der sich im Lauf der Zeit unterschiedliche Bedeutungen herauskristallisiert haben, sprechen die Experten von »Polysemie«. Der »Flügel« ist ein solches polysemes Wort, das sogar mehrfach mehrdeutig ist – meint es doch den Flügel eines Vogels oder den eines Insekts, das Tasten-Musikinstrument, eine Tür sowie – im technischen Bereich – die Teile eines Rotors oder einer Turbine.

Die Frage, in welcher Bedeutung jeweils ein Wort benutzt wird, lässt sich vielfach aus dem jeweiligen Genus des Wortes – und dem entsprechenden Artikel – erschließen. Im Übrigen hilft es, den Satzkontext zu berücksichtigen: Aus »Gib die Leiter mal her« wird niemand den Schluss ziehen, dass der versammelte Vorstand eines Unternehmens gemeint sein könnte. Und bei »Die Tauben sitzen wieder auf unserem Dach« wird es sich in der Regel auch nicht um gehörlose Menschen handeln. Wie in vielen anderen Fällen auch erweist sich Spracherfahrung hier als ausgesprochen nützlich.

Was ist ein »Kolon«

UND WESHALB MAG ER ES AM LIEBSTEN KUSCHELIG?

Das Wort »Kolon« kommt aus dem Griechischen, und dort, in der antiken Rhetorik, liegt auch der Ursprung jenes Satzzeichens, das wir heute gemeinhin als »Doppelpunkt« bezeichnen. Dort diente er der Rhythmisierung des Gesprochenen und zeigte Atempausen zwischen kleineren oder größeren Worteinheiten an. Auch in der deutschen Grammatik hat der Doppelpunkt eine lange Tradition, die – in der heutigen

Verwendung des Zeichens – immerhin bis ins 17. Jahrhundert nachweisbar ist.

Der Doppelpunkt ist ein Übergangs- und Ankündigungszeichen. Er wird zu den sogenannten »Satzmittezeichen« gezählt. Ohne Vorangegangenes und Nachfolgendes mag er nicht sein, der Kolon; er mag es halt am liebsten etwas kuschelig. Und in der Tat wird man ihn niemals am Ende eines Textes, einer Geschichte oder eines Romans antreffen. »Und wenn sie nicht gestorben sind, dann leben sie noch heute:« Das wäre allenfalls als vorläufiges Märchenende denkbar – und als Hinweis, dass in diesem Fall das Märchen noch eine Fort- und Weiterführung erfährt.

Als Satzzeichen wird der Doppelpunkt benutzt, um eine wörtliche Rede, ein Zitat oder eine Aufzählung einzuleiten. Auch kann er auf eine Zusammenfassung oder Erläuterung des zuvor Dargestellten hinweisen.

Hinsichtlich der Groß- und Kleinschreibung gilt die Grundregel, dass nach einem Doppelpunkt groß weitergeschrieben wird, wenn ein vollständiger Satz folgt: »Sie sagte zu ihm: ›Ob deines korrekten Gebrauchs der deutschen Grammatik liebe ich dich umso mehr.‹« In allen anderen Fällen wird klein weitergeschrieben, es sei denn, das dem Doppelpunkt folgende Wort ist ein Substantiv. »Sie liebte sie alle: den Rechtschreib-Duden, den Grammatik-Duden und besonders den Duden-Titel ›Das Wörterbuch der sprachlichen Zweifelsfälle‹.«

Wer sind die Spezialisten für den Nominalstil

ODER PLÄDIEREN SIE AUCH FÜR AUSSERACHTLASSUNG?

---

*S*prache lebt und ist ständigen Veränderungen unterworfen. Das gilt für Wortneuschöpfungen ebenso wie für Wörter, die in Vergessenheit geraten. Es gilt aber auch für grundsätzliche und weitreichende Entwicklungen, die tief in die Struktur einer Sprache eingreifen. »Substantivitis« ist ein solches Phänomen, das in Bezug auf die deutsche Sprache schon seit Längerem beobachtet wird. Gemeint ist damit die Tendenz, immer weniger Glied- und Schachtelsätze zu bilden und stattdessen verstärkt auf substantivische Konstruktionen zurückzugreifen. (Dass Schachtelsätze vom Aussterben bedroht sind, mag man allein daran erkennen, dass zu den kuriosen Gedenktagen im Deutschen inzwischen auch der »Tag der Schachtelsätze« gehört, der jeweils am 25. Februar begangen wird).

Die Bevorzugung dieses sogenannten Nominalstils – im Gegensatz zum Verbalstil – ist Teil eines Sprachprozesses, der insgesamt eine Verknappung und Verdichtung der Sprache bzw. der Sätze vorantreibt: »Nach Befragung aller Zeugen und Anhörung aller Gutachter zog sich das Gericht zur Beratung des weiteren Vorgehens zurück«, ist ohne Zweifel sprachlich verdichteter als: »Nachdem das Gericht alle Zeugen befragt und alle Gutachter angehört hatte, zog es sich zurück, um zu beraten, wie weiter vorzugehen sei.« Gerät das ursprünglich recht ausgewogene Verhältnis von Substantiven, Adjektiven und Verben in ein Ungleichgewicht, von dem vor allem die Verben betroffen sind, führt das in den Satzlängen zu einer Reduktion der Wortanzahl.

Das kann im Deutschen nicht schaden. Denn Deutsch gilt, zumindest in seiner gehobenen Form, grundsätzlich als Sprache langer und zuweilen komplizierter Satzgefüge. Vom Barock bis in die Klassik und sogar bis ins 20. Jahrhundert hinein lässt sich die Neigung deutscher Dichter zu höchst komplexen Satzgebilden nachvollziehen. Sprachstatistiker haben sich immer wieder bemüht, in den Werken von Goethe, Schiller & Co. besonders lange Sätze ausfindig zu machen: Ganz oben auf der Hitliste rangiert dabei nicht, wie man vermuten könnte, Thomas Mann, sondern Hermann Broch mit einem Satz in seinem epochalen Roman »Tod des Vergil«, der 1077 Wörter umfasst.

Für die Nominalisierung der Sprache sind allerdings weniger die Literaten als vielmehr Wissenschaftler, Juristen und Verfasser von offiziellen Behördentexten verantwortlich zu machen. »Inanspruchnahme«, »Außerachtlassung«, »Nichtberücksichtigung« und zahllose weitere Nomen, die aus Verben oder Adjektiven substantiviert wurden, übernehmen gern tragende Sprach-Rollen und wuchern mit ihrer Gewichtigkeit. Wie viel leichter, dynamischer, wendiger und lebendiger kommen im Vergleich dazu Sätze wie »Ich nehme das nicht in Anspruch« oder »Das habe ich nicht berücksichtigt« daher! Mancher an akuter Substantivitis leidende Satz könnte durch eine entzerrende Verbalisierung nicht nur an Klarheit, sondern auch an Verständlichkeit gewinnen. Zum Beispiel: »Wegen Außerachtlassen der Sicherheitsmaßnahmen und Nichtbefolgen der betrieblichen Handlungsanweisungen wurden bei der

Sanierung der Büroräume zwei Mitarbeiter schwer verletzt.« Das könnte man – besser und verständlicher – auch so formulieren: »Zwei Mitarbeiter wurden beim Sanieren der Büroräume verletzt, weil sie Sicherheitsmaßnahmen außer Acht gelassen und die betrieblichen Handlungsanweisungen nicht befolgt hatten.«

Bemerkenswert in diesem Zusammenhang ist die Erkenntnis der Soziolinguistik, die in empirischen Studien nachgewiesen hat, dass Männer deutlich häufiger und lieber einen Nominalstil verwenden, während Frauen durchgängig einen Verbalstil bevorzugen.

Was ist ein Palindrom

ODER WAS HABEN »SARG« UND »GRAS« MITEINANDER ZU TUN?

Sprache ist wahrhaftig kein Kinderspiel. Aber zuweilen darf man sich doch ganz spielerisch mit ihr befassen und auf Entdeckungsreise nach Kuriositäten gehen. An solchen ist die Sprache nicht arm, wie das Beispiel der Palindrome zeigt. Dabei handelt es sich um Worte oder gar Sätze, die von vorn wie von hinten gelesen gleichlautend sind. Bei »Uhu« oder »Anna«

oder »Egge« ist das noch nicht weiter erstaunlich. Bei »Relief-pfeiler«, »Retsinakanister« oder »Lagertonnennotregal«, Letzteres mit immerhin neunzehn Buchstaben, verbeugen wir uns respektvoll vor dem bemerkenswerten Sprachphänomen. Was auf der Wortebene funktioniert, lässt sich in gleicher Weise auch auf ganze Sätze anwenden: »Heide gedieh«, »Es eilt, Liese!« oder auch »Die Liebe ist Sieger, rege ist sie bei Leid« und »Trug Tim eine so helle Hose nie mit Gurt?« zählen zu den sogenannten Satzpalindromen. Eine Sonderform bilden diejenigen Palindrome, die vorwärts oder rückwärts gelesen einen neuen Sinn ergeben: »Eber – Rebe«, »Lager – Regal«, »Sarg – Gras«, »Nebel – Leben«. Sie stellen damit eine Sonderform des Anagramms dar.

Für alle, die Spaß am spielerischen Experiment mit den Möglichkeiten der Sprache haben, stellen Palindrome eine besondere Herausforderung dar. So schuf der Schweizer Dichter und Maler André Thomkins in den 1960er-Jahren kulinarische Palindrome, die außen und innen das Restaurant seines Künstlerfreundes Daniel Spoerri in Düsseldorf schmückten. Und der französische Schriftsteller Georges Perec schrieb einen Text mit nicht weniger als 1247 Wörtern (Le Grand Palindrome), der komplett rückwärts gelesen werden kann. Dank moderner Computerprogramme ist beim Erfinden immer längerer Palindrome heute längst nicht mehr nur die menschliche Kreativität gefragt. Technik ersetzt zuweilen auch Sprachfantasie.

Was ist ein Pleonasmus

UND WARUM HÄLT AUCH IN DER SPRACHE DOPPELT NICHT IMMER BESSER?

---

*I*m Überfluss leben zu können, ist der Traum vieler Menschen. Wer ein solches Leben führt, wird den Luxus, den er tagtäglich genießen kann, wohl kaum als überflüssig oder verzichtbar bezeichnen. In der Sprache ist das anders: Dort werden mit dem aus dem Griechischen hergeleiteten Wort Pleonasmus (Überfluss) rhetorische Ausdrücke umschrieben, in denen es einen inhaltlich überflüssigen Wortreichtum gibt, weil bestimmte Bedeutungsmerkmale gleich mehrfach auftreten. Der »weiße Schimmel«, »der kleine Obolus« und der »alte Greis« oder das »Einzelindividuum«, das »persönlich anwesend« ist, liefern dafür gute Beispiele.

Häufig entstehen Pleonasmen da, wo die ursprüngliche Bedeutung eines entlehnten Wortes nicht bekannt ist: Eine Vitrine etwa ist ein gläserner Kasten – »Glasvitrine« mithin ein Pleonasmus; Chiffre kommt aus dem Französischen und bedeutet dort »Ziffer«; »Chiffrennummer« verdoppelt das Zahlenwerk. Wer etwas »klammheimlich« tut, hat vielleicht vergessen, dass er im Lateinunterricht einmal »clam« als »heimlich« gelernt hat. Und wenn Ihr Arzt Ihren »Pulsschlag« fühlen will, mag er zwar ein guter Arzt sein, aber sprachlich ist er redundant, denn »Puls« vom lateinischen »pulsus« bedeutet bereits »Schlag«.

Pleonasmen können auch dann entstehen, wenn wir es mit Abkürzungen zu tun haben, deren Auflösung größtenteils unbekannt ist: eine »SMS-Nachricht« beispielsweise ist eine »short-message-service-Nachricht«, eine »ABM-Maßnahme« eine »Arbeitsbeschaffungsmaßnahme-Maßnahme« und eine »PIN-Nummer« eine »Persönliche Identifikationsnummer-Nummer«.

Zu unterscheiden vom Pleonasmus ist die oft damit verwechselte Tautologie, bei der es sich um eine bedeutungsverstärkende Paarformel handelt: »immer und ewig«, »aus und vorbei«, »nie und nimmer«.

Was ist ein Pluraletantum

UND WARUM VERURSACHT ES »UNKOSTEN«, ABER KEINEN »ÜBERFLUSS«?

Eltern treten, sehr zum Leidwesen ihrer Kinder, meist im Zweierpack auf. Ferien gibt es – gottlob! – nur in der Mehrzahl, Masern bedauerlicherweise ebenfalls. Die deutsche Sprache leistet sich den Luxus, bestimmte Dinge oder Gruppen von Menschen nur im Plural vorkommen zu lassen und hat dafür den Begriff »Pluraletantum« geprägt: »Kosten« ebenso wie »Unkosten« gibt es, wie jeder aus eigener leidiger Erfahrung weiß, nur als Pluraletantum. Auch die Alpen gibt es nicht einzeln. Und auch Geschwister treten immer mindestens im Doppelpack auf. Was aber, wenn man nur den Vater oder die Mutter meint, nur den Bruder, nicht aber die Schwester, nur einen der auf dem Schiff mitreisenden Seeleute? Hier müssen sprachliche Brücken gebaut werden, die »Eltern« in zwei »Elternteile« und die »Geschwister« in »Bruder und Schwester« trennen oder die aus den »Seeleuten« einen einzelnen »Seemann« herauspicken.

Das sprachliche Gegenmodell zum Pluraletantum ist der Singularetantum. Gemeint sind damit Substantive, die nur im Singular auftreten können – die »Armut«, der »Hunger«, die »Ruhe«, der »Überfluss«, die »Milch«, der »Schnee«, das »All«. Auch Kollektiva fallen in diese Gruppe – das »Laub«, das »Obst«, die »Herde«. Um hier zu differenzieren, sind wiederum Sprachbrücken erforderlich – »Laubsorten«, »Obstsorten«, »Herdentiere«.

Nicht mehr zur Gattung des Singularetantums gehört das Wort »Kultur«. Zwar wird es in einer engeren Definition zumeist nur im Singular verwendet (im Sinne von: Kultur ist, was alle Menschen zu Menschen macht). Eine globale Sicht auf die Menschheit und deren (Zivilisations-)Geschichte hat heute aber auch den Blick für die Vielzahl »der Kulturen« geschärft und damit auch die Pluralform legitimiert. Sprachentwicklung ist eben immer auch ein Spiegel gesellschaftspolitischer Veränderungen.

Woher kommt das »scharfe s«

UND WESHALB GILT ES
ALS DEUTSCHER LUXUS?

W enn die Lehrerin in der Grundschule ihren Schützlingen das »ß« schmackhaft zu machen versucht, nennt sie es zuweilen liebevoll »Ringel-s«. Solch freundliche Unterstützung könnte das »Eszett« auch an anderer Stelle gebrauchen. Denn spätestens seit der jüngsten Rechtschreibreform scheint das »ß« viele Freunde und Anhänger verloren zu haben und nun nur noch Gastspiele im Schriftbild zu geben.

Dabei ist dieses Zeichen eine spezifisch deutsche Sprach- bzw. Zeichen-Eigenart, die es in dieser Form in keiner anderen Sprache gibt und die allein deshalb schützenswert ist. Die Entstehung des Eszett reicht bis weit in das Althochdeutsche zurück, als sich im Deutschen unterschiedliche s-Laute herausbilden begannen, die unterschiedliche Aussprachen und unterschiedliche Schreibungen aufwiesen. Bei dem »scharf« gesprochenen »sz«-Laut wurde in der Schreibung das sogenannte »lange s« verwendet. Die Frakturschrift, umgangssprachlich auch als »altdeutsche« Schrift bezeichnet, verfügte über zwei Schreibweisen für das »s«, eine runde – am Ende eines Wortes – und eine lange (dem kleinen »f« ähnlich) mitten im Wort. Aus dem »langen s« und dem nachfolgenden »z« wurde dann in der weiteren Entwicklung das »ß« in jener Form, wie wir es heute kennen.

In der Schweiz hat man sich angesichts der Kompliziertheit der Aussprache-, Schreib- und Anwendungsregeln schon in den 1930er-Jahren vom »ß« verabschiedet. Eine Schweizerische Strasse ist seitdem eindeutig von einer deutschen Straße zu unterscheiden – und macht es Kindern oder Fremdsprachlern nicht gerade einfach. Auf Schweizer Tastaturen (wie auch auf amerikanischen) sucht man das Eszett vergeblich.

In Deutschland war die Frage nach dem »ß«-Laut und seiner Schreibung Bestandteil der großen Rechtschreibreform in den 1990er-Jahren. Allerdings sind dabei die Änderungen weniger umfangreich ausgefallen als oft vermutet. Schwierigkeiten bereitet heute vor allem die Entscheidung, ob für das stimmlose »s« die Schreibweise mit »ss« oder diejenige mit »ß« korrekt ist (im Fall des stimmhaften »s« ist die Schreibung eindeutig: Gesäusel, Amsel, Ferse).

Grundsätzlich gilt: Auf einen langen Vokal oder einen Doppellaut folgt ein »ß«: Gruß, Maß, Füße, Süße, Preußen. Folgt der »s«-Laut dagegen einem kurzen Vokal, schreibt man »ss«: Hass, Essen, Klasse, Missetat. Daher ist seit der Rechtschreibreform auch die Schreibweise »dass« für die entsprechende Konjunktion verbindlich.

Zu den Schwierigkeiten, die das »ß«-Zeichen mit sich bringt, gehört unter anderem die Frage, wie man bei einer Schreibung in Großbuchstaben mit ihm umgehen soll. Zwar hat das Deutsche Institut für Normung (DIN) schon im Jahr 2008 den sogenannten »Unicode«-Schriftsatz international um ein versales »ß« erweitern lassen. Die Regeln der deutschen Rechtschreibung hinken an diesem Punkt allerdings den technischen Möglichkeiten noch hinterher und geben bislang für die Versalschrift eines »ß«-Zeichens die Umformung zu »SS« vor: So wird aus der »Straße« eine »STRASSE«, aus den

»Grüßen« die »GRÜSSE« und aus der »Süßen« die »SÜSSE«. Wenn auf diese Weise aus den »Fußspuren« »FUSSSPUREN« und aus einem »Maßstab« ein MASSSTAB wird, hat der Rat für deutsche Rechtschreibung zumindest ein Einsehen mit den Lesern und gestattet – aus Gründen der leichteren Lesbarkeit – einen Bindestrich zwischen den »s«-Zeichen: FUSS-SPUREN.

Bleibt die Frage nach der alphabetischen Einordnung: Auch hier wird ein »ß« wie »ss« behandelt – »Fuß« folgt also brav auf »Fusel«, steht aber vor der »Fussel«.

Wie hat sich die deutsche Schreibschrift entwickelt

UND WAS SAGT EIGENTLICH HERR SÜTTERLIN DAZU?

Wer schon einmal den Nachlass des verstorbenen Großvaters oder der Großtante aufarbeiten musste, kennt das Problem: Es sind persönliche Dokumente zu sichten – von Briefen über Tagebücher bis hin zu Poesiealben. Nur leider sind viele dieser Unterlagen von Hand geschrieben und daher nicht mehr

zu entziffern: nicht, weil die Schriften verblasst oder unleserlich
geworden wären, sondern weil die alten Schreibschriften für die
meisten jüngeren Menschen nicht mehr zu lesen sind.

*Zwei Blümlein mal ich für Dich hin. / weil ich Dein Freundin bin.
Das noch ist fürs Glücklichsein. / Das zweite sagt, sei nie allein.
Das dritte aber leise spricht. / Ich denk an Dich, vergiß mich nicht.*

Dass die Handschrift eines Menschen Ausdruck seiner Per-
sönlichkeit ist, behauptet die Grafologie. Ob man diesem An-
satz folgen mag oder nicht, ist das eine. Dass eine Handschrift
in jedem Fall individueller, persönlicher und unverwechselba-
rer ist als jedes maschinen- oder computergeschriebene Dokument, steht außer Zweifel. Dabei geht zumindest ein Teil des
optischen Bildes auf die jeweilige Schriftart zurück, die der
Schreiber verwendet hat. Und die hat sich in den vergangenen
100 Jahren mehrmals umfänglich verändert.

Zu Beginn des 20. Jahrhunderts war die »deutsche (Kurrent-)
Schrift« üblich, eine steile, schwer lesbare und mit Spitzfedern
zu schreibende Schrift mit langen Ober- und Unterlängen und
dünnen Auf-, aber dicken Abstrichen – es war kein leichtes Un-
terfangen, Sätze in dieser Schriftart aufs Papier zu bringen.

Dann kam Ludwig Sütterlin, ein Berliner Grafiker, der vom
preußischen Kultur- und Schulministerium damit beauftragt
worden war, eine vereinfachte Schriftform zu entwickeln, die
den Kindern in der Schule das Schreibenlernen erleichtern
sollte. Sütterlin reduzierte die teilweise ausladende Form der
Buchstaben und entwickelte eine Schrift, die speziell auf die
Möglichkeiten kleiner Hände zugeschnitten, nicht vorrangig
kunstvoll, dafür aber eingängig war. Als sogenannte Schulausgangsschrift wurde die Sütterlinschrift ab 1924 verbindlich

an den meisten deutschen Volksschulen unterrichtet – bis zum Verbot durch die Nationalsozialisten 1941 (»Judenlettern«). Nach dem 2. Weltkrieg gab es die Sütterlinschrift einige Jahre lang noch als optionale Zweitschrift im Rahmen des Schönschreibunterrichts in den 3. und 4. Volksschulklassen. Danach geriet sie immer mehr in Vergessenheit.

An ihre Stelle trat die sogenannte Lateinische Ausgangsschrift (in der DDR die Schulausgangsschrift), die dann in den 1980er-Jahren noch einmal durch die »Vereinfachte Ausgangsschrift« abgewandelt wurde. Gemeinsam ist all diesen Schriften, dass sie die einzelnen Buchstaben eines Wortes mehr oder weniger schwungvoll miteinander verbinden.

Im Gegensatz dazu steht die Druckschrift, die jeden Buchstaben einzeln setzt. Diese »gedruckte« Schrift, die durchaus ja auch von Hand geschrieben werden kann, ist zwar in den Schreibabläufen weniger flüssig, dafür ist sie zumeist besser lesbar als eine Schreibschrift. Als »Grundschrift« hat sie inzwischen ebenfalls das Experimentierfeld »Schule« erobert und wird vielerorts sogar als erste Schrift unterrichtet. Zwischen den Befürwortern und den Gegnern der unterschiedlichen (Schreib- bzw. Druck-)Schriften werden erbitterte pädagogische Grabenkämpfe ausgefochten, die allerdings an einem entscheidenden Punkt die Realität des heutigen Schulalltags völlig verkennen: Denn immer häufiger beklagen Grundschullehrerinnen die mangelnde Feinmotorik der Kinder, die – an die Joysticks ihrer Spielkonsolen gewöhnt – mit Bleistift oder Füller überhaupt nicht mehr zurechtzukommen wissen.

Wann verwendet man ein Semikolon

UND WESHALB ZWINKERT ES EINEM MANCHMAL ZU?

Kennen Sie das Zwinkerauge? Das gut gelaunte, immer zu einem Scherz aufgelegte Emoticon, das Ihnen zuweilen in Mails oder Kurznachrichten begegnet? Wenn Sie das Zwinkerauge kennen, kennen Sie auch das Semikolon. Denn bei der zeichenhaften Emoticondarstellung bildet das Semikolon das zwinkernde Auge: ;-). So hat die Digitalkommunikation einem Satzzeichen zu neuerlicher Prominenz verholfen, das ansonsten eher vom Aussterben bedroht war.

Grundsätzlich lautet die Vorgabe, dass ein Strichpunkt, wie er im Deutschen auch genannt wird, eine »Mittelstellung« zwischen Komma und Punkt einnimmt. Ein Semikolon ist trennender als ein Komma, aber nicht so trennscharf wie ein Punkt. Es bietet sich an in Fällen von selbstständigen, nebengeordneten Sätzen oder bei Aufzählungen.

Allerdings gibt es keine definierte Sprachpflicht für die Verwendung eines Semikolons; vielmehr wird ein solcher Einsatz in das Ermessen des einzelnen Benutzers gestellt. Vielleicht liegt darin das Problem dieses subtilen Satzzeichens: Wer es benutzt, demonstriert ein hohes Maß an Sprachästhetik und beweist, dass er beim Anordnen seiner Sätze mit Bedacht und Fingerspitzengefühl vorgeht.

Aber wer nimmt sich in Zeiten massenhaft verschickter Nachrichten noch die Zeit für Sprachästhetik; wer baut seine Sätze noch mit so viel Sorgfalt, dass da Platz für ein Semikolon wäre; wer fügt angesichts kleinster Informationshäppchen überhaupt noch Sätze ein, die eines Semikolons wert wären? Wer der Schöngeistigkeit des Semikolons nachtrauert, muss sich mit der Lektüre der Meister deutscher Sprache trösten – mit Thomas Mann etwa, der geradezu verschwenderisch mit dem Semikolon umging. Von seiner bedeutungsschweren Verwendung des Strichpunkts kann ein Zwinkerauge nur träumen.

Was sind Sprachemigranten

ODER WIE KOMMT DAS WUNDERKIND NACH RUSSLAND?

Nicht nur Menschen gehen auf Reisen, Wörter tun es auch. Und wenn sie irgendwo in einem nahen oder fernen Land auf eine Benennungslücke stoßen, dann werden sie unter Umständen sogar in einer anderen Sprache heimisch. Schon im 19. Jahrhundert waren diese sogenannten Germanismen ein hinlänglich bekanntes und erwähnenswertes Sprachphänomen (Meyers Konversations-Lexikon, 4. Aufl., 1885–1892).

2006 lud der Deutsche Sprachrat im Rahmen des internationalen Projekts »Wörterwanderung« dazu ein, deutsche Wörter zu benennen, die in einem fremden Sprachraum Aufnahme gefunden haben. Mehr als 6000 Wörter wurden dabei zusammengetragen. Die Liste der »Aufnahme-Länder« reichte von Armenien und Argentinien über Finnland, Kamerun, Malaysia und Neuseeland bis hin nach Singapur und Südkorea. Während ins Italienische und Spanische beispielsweise »kurgast« und »poltergeist« Eingang gefunden haben, kennt man im Türkischen »grossmarket« und »dübel«, im Russischen das »wunderkind« und im Koreanischen die »autobahn«. Unser »kindergarten« hat es weltweit zu Erfolg gebracht. Das »Waldsterben«, um das sich offensichtlich niemand so früh Gedanken machte wie wir, hat seine Sprachreise um die Welt noch längst nicht abgeschlossen.

Bemerkenswert viele Lehnwörter haben eine Wurzel in der deutschen Militärsprache – der »blitzkrieg« im Englischen und Französischen oder die »brandmauer«, der »schlagbaum« und die »marschrut« im Russischen. Wohler fühlen wir uns da mit Wörtern, die auf dem Image der Deutschen als feierfreudigen und gutem Essen zugeneigten Zeitgenossen beruhen: »octoberfest«, »sauerkraut«, »bierstube« (Chile), »sinitzel« (Türkisch) oder »buterbrod« (Russisch) sind wahre Exportschlager.

Während viele Wörter im Prozess der Entlehnung ihre ursprüngliche Bedeutung behalten – ein »buterbrod« ist auch im Russischen ein belegtes Brot und ein »rukkusakko« wird auch im Japanischen für eine auf dem Rücken zu tragende Tasche benutzt –, gibt es auch Sprachprozesse, bei denen ein eingebürgertes Wort sich weiterentwickelt und eine neue Bedeutung erhält. Ein »anzug« im Bulgarischen ist kein angemessenes Outfit für ein offizielles Vorstellungsgespräch, denn das Wort gilt nur für einen Jogginganzug. Im Japanischen definiert »arubaito« nicht die Arbeit im Allgemeinen, sondern lediglich einen Neben- oder Studentenjob, und das »messer« bezieht sich allein auf das Skalpell des Chirurgen.

Das beim »Wörterwanderungs«-Projekt des Deutschen Sprachrates 2006 am häufigsten genannte Lehnwort findet sich in der französischen Sprache: »Vasistas« – gebildet aus einem ganzen deutschen Fragesatz (»Was ist das?«) – bezeichnet eine Dachluke, ein Oberlicht oder einen Türspion. »Vasistas« findet sich mit dieser Definition bereits in der fünften Auflage des »Dictionnaire de l'Académie française« von 1798, woraus sich schließen lässt, dass die Emigration ins Französische bereits älteren Datums sein muss. Das belegen auch die zahlreichen Legenden und Anekdoten, die diese »Einbürgerung« ins Französische zu erklären versuchen: In der einen Version waren es Deutsche, die in Frankreich zum ersten Mal an Türen oder Fenstern »Oberlichter« sahen und die neugierige Frage stellten: »Was ist das?« In einer anderen Version waren es französische Soldaten, die während der Napoleonischen Feldzüge lautstark durch deutsche Lande zogen und dabei immer wieder Menschen sahen, die ihre Mansardenfenster oder Dachluken öffneten und lauthals riefen: »Was ist das?« Damit nicht genug: »vasistas« ist auch in der türkischen Sprache mit gleicher Bedeutung heimisch geworden – und gilt dort als Entlehnung aus dem Französischen. So reiselustig können Wörter sein!

Was macht das »Y« so besonders

UND WESHALB IST ES BEI DER BUNDESWEHR SO BELIEBT?

Unter den Buchstaben des Alphabets genießt das »y« als 25. und damit vorletzter Buchstabe eine Ausnahmestellung – wie es sich für einen Nachkömmling geziemt, der erst mit deutlicher Verspätung in das klassische lateinische Alphabet eingefügt wurde. Kein anderer Buchstabe hat eine dreisilbige Aussprache: Yp-si-lon. Kein anderer Buchstabe (sieht man von dem nur in Skandinavien gebräuchlichen Å einmal ab) kann sich damit schmücken, als Einzelbuchstabe einem Ort den Namen zu geben: »Y« heißt ein kleines, in der französischen Picardie gelegenes Dorf, dessen Bewohner sich als »Ypsiloniens« bezeichnen. Und kein anderer Buchstabe hat, je nach seiner Positionierung im Wort, so viele unterschiedliche Aussprachevarianten: Am Wort- oder Silbenanfang kokettiert das »y« mit den Konsonanten des Alphabets und lässt sich wie ein »j« aussprechen: Yacht, Yak, Yoga, Yucca. Vokalisch kann »y« wie ein »ü« klingen – wie in Sylt oder Pyramide – oder wie ein »i« – wie in Ysop, Yvonne oder Ylang-Ylang-Öl.

Was macht es da schon aus, dass das »y« in der Häufigkeit der Verwendung mit 0,04 Prozent vor »q« und »x« an drittletzter Stelle steht? Zum Vergleich: Das »e« als Spitzenreiter unter den Buchstaben hat eine Häufigkeit von 13,3 Prozent. Und im-

merhin hat das »y« noch ein Ass im Ärmel: Denn auch als Auto-
kennzeichen erfreut »Y« sich in Deutschland großer Beliebtheit: Rund 100 000 Panzer, Jeeps, Lastkraftwagen und andere
Militärfahrzeuge sind damit auf deutschen Straßen unterwegs.
Als Anfang der 1950er-Jahre neue Kfz-Kennzeichen festgelegt
wurden, blieben nach Reservierung aller anderen Buchstaben
des Alphabets für deutsche Städte nur X oder Y für die Bun-
deswehr übrig. Ausgewählt wurde schließlich das Y als ers-
ter Buchstabe der Erkennungsnummer. Das X dient seit 1967
Nato-Dienststellen als Kennzeichen.

Sprachregeln

✓

Was sind absolute Verben

ODER WAS IST FALSCH
AN »WIR RUFEN SIE ZURÜCK«?

———

*D*ie meisten Verben sind Teamplayer. Sie treten am liebsten im größeren Wortpulk auf und sorgen deshalb dafür, dass sie nicht nur von einem Subjekt, sondern mindestens auch von einem, gern auch mehreren Objekten begleitet werden. »Relativ« nennen wir solche Verben, die sich in umfangreichen Wortbeziehungen am wohlsten fühlen (»Das Verb sprach den beiden Objekten seinen Dank aus«).

Aber es gibt auch andere, eher einzelgängerisch veranlagte Verben, die große Eigenständigkeit zeigen, die in sich ruhen und lediglich ein stützendes und stärkendes Subjekt an ihrer Seite benötigen, um ein vollständiges Satzganzes zu ergeben: »Schlafen« etwa ist ein absolutes Verb (das Kind schläft), »blühen« (die Blumen blühen) oder »arbeiten« (er arbeitet).

Auch »zurückrufen« – im Sinn von »wieder anrufen« – ist als Verb absolut. Allerdings trauen ihm das offenbar die wenigsten Menschen zu und stellen ihm daher bevorzugt ein Akkusativobjekt an die Seite. »Wir rufen Sie zurück« ist längst zu einer Art stehenden Verlegenheitsredewendung von Dienstleistern und Kundenservice-Mitarbeitern geworden und signalisiert zumeist, dass für das angesprochene Problem oder die erbetene Auskunft keine schnelle Lösung auf der Hand liegt.

Glaubt man den gängigen Internet-Suchmaschinen, dann werden »Sie« andauernd zurückgerufen – von Ihrer Bank,

Ihrer Versicherung, Ihrem Telefonanbieter – mit etwas Glück sogar »gern«! Eine vermeintliche Serviceleistung – schön verpackt in falsche Grammatik! Wäre die korrekte Handhabung der deutschen Sprache ein Signal für Zuverlässigkeit und Seriosität, müsste es um all diese Unternehmen schlecht bestellt sein. Vielleicht versuchen Sie es beim nächsten »Wir

rufen Sie zurück«-Telefonat einmal mit einer Sprachspitze: »Sie dürfen gern zurückrufen, aber mich lassen Sie dabei bitte aus dem Spiel!«

Wann kommen Auslassungspunkte zum Einsatz

UND WELCHES PROBLEM HAT KLEISTS MARQUISE MIT IHNEN?

*E*igentlich sind es nur winzig kleine Punkte. Aber wo sie geballt im Dreierpaket auftreten, werden sie zu einem Zeichen mit weitreichender Bedeutung. Zum Einsatz kommt es, wenn in einem Satz mehrere Wörter oder in einem Wort einzelne Wortteile weggelassen werden: »Hör endlich auf, Du Sch...kerl«. Gebraucht wird es auch, wenn ein Gedanke nicht zu Ende formuliert, vage angedeutet oder dem Lesenden zur Vollendung überlassen wird: »Willst du damit sagen, dass ...«

Theodor W. Adorno, der sich mit den Satzzeichen philosophisch auseinandergesetzt hat, begegnete solch vielsagenden Auslassungspunkten skeptisch, sah darin die Vortäuschung einer womöglich überhaupt nicht vorhandenen Gedankenfülle. Folgt man seiner These, müsste es um die Verfasser von Kurznachrichten, Zeitungsartikeln und Werbetexten heute schlecht bestellt sein, denn die Auslassungspunkte genießen dort inflationäre Beliebtheit.

Dabei darf bezweifelt werden, ob auch nur eines dieser Satzzeichen jemals solche Berühmtheit erlangen wird wie die einst von Heinrich von Kleist verwendeten. In seiner Novelle über die Marquise von O... sind sämtliche Personen- bzw. Ortsangaben auf den Anfangsbuchstaben verkürzt: »In M...« heißt es da, und es ist die Rede vom »Grafen F...« und der »Frau von G...«. Seit zweihundert Jahren gibt es einen Gelehrtenstreit über diese Auslassungspunkte, der sich nicht zuletzt auf die korrekte Schreibweise bezieht: Denn anders als heute sind in den frühen Ausgaben noch jeweils vier Auslassungspunkte enthalten. Für die Sprachforschung ist das nicht weiter erstaunlich: Denn die Auslassungspunkte haben eine interessante Entwicklung durchlaufen – von drei Punkten in der Diagonale über vier kreuzweise angeordnete Punkte bis hin zu einem oder mehreren Sternchen.

Weshalb ist das Verb »brauchen« so vertrackt

UND WARUM MUSS MAN DAMIT BEHUTSAM UMGEHEN?

Lehrer haben sich in allen Schülergenerationen mit Merk- und Lernsprüchen zum Einprägen leidiger grammatikalischer Regeln ins ewige Gedächtnis eingeprägt. Einer dieser Merksprüche bezieht sich auf das in seiner Anwendung durchaus vertrackte Verb »brauchen«: Wer »brauchen« ohne »zu«

gebraucht, braucht »brauchen« gar nicht zu gebrauchen. Dabei ist die »zu«-Frage nur *ein* Problem, das sich auftut.

Ein anderes betrifft die Anwendung des Genitiv- oder Akkusativobjekts bei unpersönlichen »es«-Konstruktionen: Dazu brauchte es nun wirklich keiner weiteren Diskussion. Oder: Dazu braucht es einfach einen starken Willen! Nicht unproblematisch ist auch die Bildung des Konjunktivs II: Der ist, korrekt gebildet, gleichlautend mit dem Präteritum (er brauchte). Um hier eine hörbare Unterscheidung zu ermöglichen, hat sich in der gesprochenen Sprache die Umlaut-Form etabliert (er bräuchte). Diese ist standardsprachlich allerdings noch nicht akzeptiert. Auch im Umgang mit dem Infinitiv und »zu« trennt sich umgangssprachliche Spreu vom standardsprachlichen Weizen: »Er braucht nicht zu helfen« – so wollen wir es immer noch in einem hochsprachlichen Text lesen. Dafür akzeptieren wir dann auch ein schnell dahin gesagtes »Du brauchst wirklich nicht helfen« im Gespräch mit unserem Nachbarn.

Während »brauchen« seinem Sinn nach in diesen Formulierungen in die Nähe des Hilfsverbs »müssen« rückt, fungiert es in einem Satz wie »Wenn du nur deinen Verstand brauchen würdest« gleichbedeutend mit dem Verb »gebrauchen«. In den unpersönlichen »es«-Konstruktionen sucht »brauchen« hingegen die Bedeutungsnähe von »bedürfen«: Dazu braucht es keiner weiteren Diskussion. Und nicht zuletzt verwenden wir »brauchen« im Sinn von »benötigen«: Der Schüler braucht Zeit, um alle Facetten von »brauchen« zu begreifen. Wohl wahr!

Wann heißt es »der Gleiche« und wann »derselbe«

ODER WARUM SIND DIE GLEICHEN BLUMEN NICHT DIESELBEN?

---

*E*in altes Sprichwort sagt: »Gleich und gleich gesellt sich gern.« Und das ist durchaus korrekt. Denn »gleich« und »gleich« könnten zwei Frauen oder zwei Männer, zwei Tierliebhaber oder zwei Autofreaks, zwei Leseratten oder zwei Sprachpuristen sein. »Dieselben« könnten sich niemals zueinander gesellen, denn zur Geselligkeit braucht es immer mindestens zwei. Die aber gibt es bei demselben nicht.

Was kompliziert klingt, lässt sich einfach auflösen: Das Demonstrativpronomen »derselbe, dieselbe, dasselbe« bezeichnet – wie auch »der (die, das) Gleiche« – eine Übereinstimmung zwischen Dingen oder Lebewesen. Dabei ist zu unterscheiden zwischen der Identität einer Einzelperson oder eines Einzelgegenstands (der-, die-, dasselbe) und einer Identität der Art oder Gattung: Denselben Mann zu lieben, kann für zwei Frauen fatale Folgen haben. Dieselbe Tasche können sie auch niemals gleichzeitig ausführen, denn dann ist die Rede von einer Tasche. Allenfalls können sie die gleichen Taschen zeitgleich ausführen, weil es sich dann um zwei modellgleiche Exemplare handeln würde. Wenn zwei Männer dasselbe Auto benutzen, sitzen sie gemeinsam in einem Wagen oder teilen sich ein Auto. Andernfalls fahren sie das gleiche Auto, also Modelle desselben Fabrikats. Wer unsicher ist, dem hilft unter Umständen die schlichte Frage, ob es denn um eine Person oder eine Sache geht oder um zwei bzw. mehrere.

Bleibt noch zu klaren, weshalb der-, die-, dasselbe zusammen, der (die, das) Gleiche aber getrennt und sogar großgeschrieben werden, wenn kein Substantiv folgt. Hier liefert die Sprachwissenschaft die Antwort: »Gleich« ist ein eigenständiges Adjektiv, das mit einem Artikel kombiniert wird; »selbe« hat dagegen keine eigenständige Existenz mehr, sondern ist Teil eines zusammengefügten Pronomens geworden.

Heißt es »Ende diesen Jahres« oder »Ende dieses Jahres«

ODER WARUM IST AUCH AUF NACHRICHTEN-SPRECHER KEIN VERLASS MEHR?

Die deutsche Sprache kann zuweilen ausgesprochen gemein sein. Eindrucksvolles Beispiel dafür ist die Handhabung des Demonstrativpronomens »dieser, diese, dieses« – insbesondere im Genitiv der maskulinen und sächlichen Form. Keine Probleme gibt es damit, wenn wir über »die Katze dieses

Mädchens« oder »das Haus dieses Mannes« reden. Umso schwerer tun wir uns mit allem, was »Anfang dieses Jahres« und »Ende dieses Monats« ansteht. Da sind leider auch Nachrichtensprecher oder Zeitungsredakteure keine zuverlässige Hilfe mehr. Beharrlich erklären sie uns, dass »zum Ende diesen Monats« die Zinsen gesenkt und seit »Anfang diesen Jahres« die Beiträge erhöht worden sind. Das ist in beiden Fällen nicht nur bedauerlich, sondern leider auch falsch, und daran kann auch die ständige Wiederholung nichts ändern. Denn das Demonstrativpronomen »dieser, diese, dieses« wird grundsätzlich stark gebeugt.

Weshalb es dennoch gerade in diesen Formulierungen immer wieder zu grammatikalischen Verwirrungen kommt, lässt sich mit einem Hinweis auf die Analogie zu Wendungen wie »Ende vergangenen Monats« oder »Mitte letzten Jahres« leicht erklären. Allerdings gibt es da einen feinen, aber erheblichen Unterschied: Denn bei diesen Beispielen handelt es sich um Adjektive – und um Formulierungen, die zur Verdeutlichung mit einem Artikel vervollständigt werden könnten: »Ende des vergangenen Monats« und »Mitte des letzten Jahres«. »Dieser« und »dieses« dagegen sind (Demonstrativ-)Pronomen und daher zu deklinieren wie »mein« oder »sein«: »Um meinen ausländischen Freund, der sich mit der deutschen Sprache quält, nicht unnötig zu irritieren, lade ich ihn am ersten Tag meines Lieblingsmonats zum Abschluss seines Studienjahres ein, auch wenn der letzte Tag dieses Jahres erst Ende dieses Monats gekommen sein wird.«

Weshalb schreibt man »A-Dur« groß, aber »a-Moll« klein

UND WIE MUSIKALISCH KANN DIE DEUTSCHE SPRACHE SEIN?

Auch Töne haben ein Geschlecht, ein Tongeschlecht. Spätestens seit dem 17. Jahrhundert werden sie unterschieden nach Dur und Moll, abgeleitet vom Lateinischen »durus« – »hart« und »mollis« – »weich«. Bis ins 20. Jahrhundert hielt sich die Auffassung, »Dur« und »Moll« seien sprachwissenschaftlich als nachgestellte Adjektive zu behandeln. Entsprechend wurden sie kleingeschrieben: »dur« und »moll«. Im heutigen Deutsch werden sie substantivisch gedeutet – das erklärt die inzwischen verbindliche Großschreibung, wie beispielsweise in der Angabe »Bearbeitung in Moll«.

Bleibt die Frage nach der Schreibweise der jeweiligen Grundtonbezeichnung: Die »Sonate in A« ist für jeden Musiker eindeutig eine Dur-Sonate, die »Sonate in a« ebenso eindeutig ein Stück in Moll. Zwischen dem »A« und dem »a« (oder einem »G« und einem »g«) liegen musikalische Welten. Die jeweilige Kennzeichnung durch einen Groß- bzw. einen Kleinbuchstaben folgt einer bereits aus dem frühen 19. Jahrhundert stammenden Konvention. Diese wiederum ist keineswegs beliebig, sondern nimmt Bezug auf die jeweils erste Terz über dem Grundton, die in Dur eben eine große und in Moll eine kleine ist. Daraus erklärt sich auch, weshalb Dur und Moll im Englischen und Französischen als »major«/»majeur« bzw. »minor«/»mineur« bezeichnet werden, ohne dass es dort eine Unterscheidung durch Groß- und Kleinbuchstaben gäbe.

Ausgerechnet dem österreichischen Komponisten Arnold Schönberg, dessen Name musikgeschichtlich wie kein zweiter mit der Befreiung von den Beschränkungen der Dur-Moll-Tonalität verbunden ist, verdanken wir die heutige Standardschreibweise. In seiner 1911 publizierten »Harmonielehre« benutzte er zum ersten Mal konsequent die »A-Dur« bzw. »a-Moll«-Schreibweise.

Heißt es »erschreckt« oder »erschrocken«

UND WARUM IST BEIDES NICHTS FÜR SCHWACHE NERVEN?

Die deutsche Sprache ist für viele Nichtmuttersprachler ein wahres Schreckgespenst. Auch so mancher Sprachwissenschaftler ist zuweilen zutiefst erschrocken, wenn er sich in die Ur- und Abgründe grammatikalischer Regeln – und in die zahllosen Abweichungen davon – vertieft. Und wer kennt nicht jene Schrecksekunde, wenn man – während des Sprechens – auf einmal in Zweifel darüber gerät, ob der schon begonnene Satz denn mit »erschreckt« oder »erschrocken« korrekt zu Ende gebracht werden müsse.

Im Fall von »erschrecken« lässt sich dem Schreck eines möglicherweise falsch konjugierten Verbs leicht entgegenwirken. Dazu sollte man sich vergegenwärtigen, dass »erschrecken« zweierlei Bedeutung haben kann – und entsprechend eine transitive bzw. intransitive Verbform.

Transitiv bedeutet »erschrecken« so viel wie »jemanden in Schrecken versetzen«: Er erschreckt sie. In diesem Fall ist die Flexion schwach: Er erschreckte sie. Er hat sie erschreckt. Bei der transitiven Verbform wird das Perfekt mit »haben« gebildet: Ich habe ihn erschreckt.

Intransitiv dagegen bedeutet »erschrecken« so viel wie »in Schreck geraten«: Sie erschrickt. In diesem Fall ist die Flexion stark: Sie erschrak. Sie ist erschrocken. Das intransitive Verb benötigt im Perfekt eine Form von »sein«: Er ist erschrocken.

So weit die klare standardsprachliche Differenzierung. In der Umgangssprache – aber auch nur dort – hat sich zu diesen beiden Verbformen noch eine dritte Form etabliert, die von einem reflexiven Gebrauch des Verbs ausgeht: »sich erschrecken«. Dabei lassen sich sowohl starke als auch schwache Flektionen nachweisen: Ich erschreckte/erschrak mich. Und ich habe mich erschreckt/erschrocken.

Wie benutzt man Farbadjektive richtig

UND WESHALB SIND LILA UND ROSA SO KAPRIZIÖS?

Rot ist einfach, Blau ebenfalls, Gelb und Grün und Schwarz und Weiß sind es auch. Aber bei Orange wird es schon kompliziert. Und Rosa oder Lila sind ganz besonders eigenwillig. Farben führen ein sprachliches Eigenleben. Wie mit ihnen umzugehen ist, hängt nicht zuletzt davon ab, ob es sich um Grundfarben (alle einsilbig) handelt oder um mehrsilbige Farbadjektive (rosa, orange, oliv, beige, türkis, lila etc.), die zumeist anderen Sprachen entstammen und häufig aus einem Substantiv hervorgegangen sind.

Beispiel Steigerungen – die Adjektive unserer Grundfarben lassen sich steigern: Das Meer war blauer als am Vortag. Die Wäsche ist weißer als weiß. Das war der schwärzeste Tag in seiner Karriere. Alle anderen Farben sind nicht steigerungsfähig. Die Grundfarbadjektive werden zudem flektiert: ein blauer Schal, ein rotes Kleid. Bei den anderen Farbadjektiven ist zu differenzieren: Orange etwa wird heute meist auch flektiert: ein oranges Kleid, wobei ein »orangefarbenes« Kleid immer noch deutlich mehr sprachliche Eleganz ausstrahlt. Gleiches gilt für Beige. Im Fall von Lila und Rosa ist eine Flektion nicht erlaubt: Der rosa Schuh und die lila Pumps stehen gemeinschaftlich im sprachlichen Ausnahmeregal. Die umgangssprachlich gern benutzten »rosanen« und »lilanen« Accessoires haben in der Standardsprache nichts zu suchen. Auch hier empfiehlt es sich im Zweifel, auf »rosafarben« und »lilafarben« auszuweichen.

Unkomplizierter lassen sich die Regeln der Groß- und Kleinschreibung handhaben: Wird eine Farbe adjektivisch benutzt, schreibt man sie klein: Der Tag war grau, der Himmel schwarz. In allen substantivierten Verwendungen wird die Farbbezeichnung großgeschrieben, und das gilt einheitlich für alle Farben: Die Farbe wechselte von Blau zu Lila. Er sah eine Wiese ganz in Gelb. Da muss niemand mehr Rot sehen!

Was ist ein Fugen-s

UND WESHALB IST ES BEI SPRACHEXPERTEN NICHT SEHR BELIEBT?

Die deutsche Sprache schlägt zuweilen Kapriolen. Dann wird es auch für ausgewiesene Sprachexperten schwer, das »Wie« und »Warum« bestimmter Formen in ein schlüssiges Regelwerk zu pressen. Das »Fugen-s« stellt dafür ein schönes Beispiel dar. Gemeint ist damit ein »s-Laut«, der sich als Verbindungsglied zwischen zwei ursprünglich eigenständigen Wörtern zur Verfügung stellt, wenn diese ein neues, zusammengesetztes Wort, ein Kompositum, erzeugen wollen: So wird aus »Hering« und »Salat« ein »Heringssalat« und aus »Frühling« und »Fest« das »Frühlingsfest«.

Neben dem »Fugen-s« gibt es eine Reihe anderer Fugenelemente: das »Fugen-es« (Freundeshand), das »Fugen-e« (Hundesteuer), das »Fugen-n« (Mienenspiel), das »Fugen-en« (Instrumentenbau) und das »Fugen-er« (Hühnerbrühe). Der Vollständigkeit halber wird bei Komposita ohne Fugenlaut von einer »Nullfuge« gesprochen: Haustür.

Wann es im Einzelfall gesetzt werden muss (wenn zum Beispiel der erste Teil des Kompositums aus einem substantivierten Infinitiv besteht: Essenszeit, sehenswert) oder nicht gesetzt werden darf (etwa bei den meisten femininen einsilbigen Erstgliedern eines Kompositums: Jagdhund, Naturkunde), ist in einigen Fällen klar definiert.

Allerdings gibt es zu den meisten Regeln Ausnahmen, zudem fakultative Anwendungsmöglichkeiten (Einkommen-s-steuer) und regionale Unterschiede zwischen Nord und Süd bzw. Deutschland und Österreich oder der Schweiz (Schwein-e-braten, Schwein-s-braten).

Unumstößliche Eindeutigkeit sucht man hier vergeblich. Wer im Einzelfall unsicher ist und dem eigenen Sprachempfinden nicht trauen mag, wird daher um den Blick in ein detailliertes Sprachregelwerk nicht herumkommen.

Heißt es »geniest« oder »genossen«

UND WAS BEDEUTET ES, WENN ICH JEMANDEM ETWAS NIESE?

Wohl niemand hat dem Niesen zu einem poetischeren Auftritt verholfen als Friedrich Nietzsche: »Erlöst ist endlich meine Nase vom Geruch alles Menschenwesens! Von scharfen Lüften gekitzelt, wie von schäumenden Weinen, niest meine Seele, – niest und jubelt sich zu: Gesundheit!« (»Also sprach Zarathustra«). Da seine Seele in der Zeitform des Präsens niest, kam Nietzsche darum herum, eine Lanze für die richtige Partizip-II-Form brechen zu müssen. In der Rückschau nämlich auf ein vergangenes Niesen hätte seine Seele »geniest« – und womöglich hätte sie das sogar genossen.

Die Verunsicherung, die die korrekte Bildung des Partizips von »niesen« hervorruft, hängt möglicherweise mit dieser Verwechslung zusammen: Denn während »niesen« schwach konjugiert wird (sie nieste, sie hat geniest), ist »genießen« ein starkes Verb und bildet das Partizip II mit der Form »genossen«. Dieses Partizip auch beim Niesen anzuwenden, war ursprünglich nur ein umgangssprachlicher Scherz, der jedoch Spuren hinterlassen hat.

Nietzsches Zitat ist im Übrigen auch noch in anderer Hinsicht von Belang, spricht sich seine Seele doch nach dem Niesen ein beherztes »Gesundheit« zu. Diese Antwort, die bis heute jedem entgegenschallt, der vernehmbar niesen musste, hat die Benimmexperten auf den Plan gerufen: Denn sie halten diese Reaktion für veraltet und unangemessen. Korrekt sollte sich nach zeitgemäßem Benimmkodex der Niesende entschuldigen, die Menschen in seiner Umgebung dagegen sollten einfach schweigend über das Niesen hinweghören. Womit wir

schon bei einer hübschen Redensart wären. Denn während es in bestimmten Regionen heißt: »Dem werde ich was husten (das nicht erfüllen, was jemand vielleicht erwartet)«, heißt es andernorts im gleichen Kontext: »Dem werde ich was niesen.«

Wie verändert sich der Umgang mit dem Genitiv

UND WESHALB IST DAS KEIN GRUND FÜR SPRACHUNTERGANGSSZENARIEN?

*I*m Frühjahr 2014 widmeten sich Sprachwissenschaftler an der FU Berlin eine ganze Tagung lang dem »Sorgenkind der Sprachkritik«, dem Genitiv. Spätestens seit Bastian Sick dem zweiten Fall prophezeit hat, dass er dem dritten Fall zum Opfer fallen werde, herrscht landauf, landab große Sorge um den Gesundheitszustand des Wesfalls.

Das hat ja durchaus auch sein Gutes. Denn wo Sprache unter Beobachtung gerät, tritt bewusstes Überdenken an die Stelle gedankenloser Handhabung. Wenn zumindest eine gewisse Unsicherheit auftaucht bei der Frage, ob es denn nun »wegen dem schlechten Wetter« oder »wegen des schlechten Wetters« heißen müsse, liegt darin durchaus ein sprachreflektorischer Fortschritt.

Bei der Krankheitsdiagnose verweisen die Sprachexperten gern auf einen Kasusabbau in den germanischen Sprachen allgemein, auf eine Vereinfachung, die überall dort zu besonders harten Einschnitten führt, wo die korrekte Handhabung eher komplex und kompliziert ist. Das lässt sich beim Genitiv nicht abstreiten. Allein zu der Frage, um welche Art des Genitivs es sich denn handelt – um ein Genitivattribut oder ein Genitivobjekt, um einen »Genitivus possessivus« oder vielleicht einen

»Genitivus explicativus« –, lassen sich umfangreiche sprachwissenschaftliche Abhandlungen verfassen.

Wo der Genitiv korrekt und mit Leidenschaft benutzt wird, klingt unsere Sprache gehoben, fast literarisch, zuweilen auch ein wenig altmodisch oder gar exaltiert – nicht zufällig war ja gerade Thomas Mann ein großer Liebhaber des gepflegten Genitivs: »Angesichts der dramatischen Veränderungen des einst so gepflegten Deutschen und wegen der unübersehbaren Verflachung gerade der subtil-markanten Sprachkonstruktionen gedenken viele Verben und mindestens ebenso viele Präpositionen ihrer Verbundenheit zum Genitiv mit Wehmut, wohl wissend, dass sie sich der gemeinsamen Zeit dereinst nur noch erinnernd vergewissern können!«

Denn in der Alltagssprache wird der Genitivgebrauch immer seltener. Das gilt für Verben, die als Ergänzung ein Genitivobjekt benötigen: Um »bedürfen« (der Hilfe) und »sich erinnern« (der schönen Tage), um »sich enthalten« (der Stimme) oder »gedenken« (der Toten) machen wir im Alltagsgebrauch gern einen weiten Bogen. Gleiches gilt für den Genitiv bei Präpositionen: »laut«, »wegen«, »trotz«, »infolge«, »einschließlich«, »aufgrund« werden immer häufiger ihres Genitivs beraubt und mit einem Dativ versehen: »Wegen dir« und »einschließlich einem Mittag- und Abendessen« sind längst keine Ausnahmen mehr, sondern fast schon die Regel. Selbst die »klassische« Spielwiese des Genitivs, der »genitivus possessivus«, schwächelt: So wird aus dem »Haus unserer Freunde« das »Haus von unseren Freunden« und, schlimmer noch, aus dem »Zimmer meines Bruders« »meinem Bruder sein Zimmer«.

Zumindest ist die Endung, das »-s« oder »-es« am Schluss eines Wortes als sogenannter Marker für den Genitiv, noch weit verbreitet (die »Farbe des Autos«). Aber auch hier ist eine Verunsicherung unübersehbar. Sie dokumentiert sich zum einen in einer irreführenden Schreibweise: »Heidi's Hutlädchen« hat keinen Grund für einen Apostroph. Und »die Tücken des Internet« lässt das Genitiv-Endungs-s vermissen. Vor allem bei Fremdwörtern, aber auch bei Eigennamen und Abkürzungen (der Besitz eines Pkw) wird das »-s« am Ende immer häufiger eingespart. All solche Fälle zeigen, dass die Hoch-Zeit des Genitivs wohl vorbei ist. Sprache ist im Fluss und hat im Lauf ihrer Geschichte immer wieder Veränderungen erlebt – und verkraftet. Das wird auch dem Genitiv nicht erspart bleiben. Aber – versprochen – wir werden uns seiner in Ehren erinnern.

Heißt es »gesendet« oder »gesandt«

ODER WIE VERSCHICKEN WIR IM ZWEIFEL EINE NACHRICHT RICHTIG?

*I*n der Sprache ist es nicht anders als im wahren Leben: In manchen Familien weht ein strenges, konservatives Klima, andere sind deutlich liberaler eingestellt und von einem Geist der (sprachlichen) Toleranz erfüllt. In letztere Kategorie fällt das Wort »senden«, das uns in den verschiedenen Variationen mal mit, mal ohne Stammlautveränderung begegnet: Der »Gesandte« gehört in diese Familie als jemand, der in hoher politischer Mission unterwegs ist und zu diesem Zweck zumeist eine offizielle »Entsendung« erfahren hat. Als »Abgesandter« steht es ihm dabei zu, ein »Sendschreiben« oder auch eine »Sendung« zu überbringen – und wenn er dabei über genügend Selbstbewusstsein verfügt, tut er das auch mit einem gewissen »Sendungsbewusstsein«.

Was also ist das Besondere am Verb »senden«? Wenn es in der Bedeutung von »schicken« benutzt wird, gestattet es – und das ist im Deutschen nicht sehr häufig der Fall – im Präteritum wie im Partizip II sowohl die regelmäßigen wie auch die unregelmäßigen Formen: »sendete/gesendet« oder »sandte/gesandt«. Das gilt in gleicher Weise auch für alle Zusammensetzungen mit »senden« wie »entsenden«, »versenden«, »absenden«: Ob der Kavalier der Dame seines Herzens eine rote Rose gesandt oder eine Ansichtskarte mit unverbindlichen Grüßen gesendet hat, macht rein sprachlich also keinen Unterschied – auch wenn zwischen den beiden Sendungen in ihrer Botschaft durchaus Welten liegen können.

Anders verhält es sich, wenn wir »senden« als technischen Ausdruck verwenden. Ein Spiel wird im Fernsehen gesendet. Ein Funker sendete einen Notruf von seinem Schiff. Funkmasten senden Signale. Hier wird das Verb ausschließlich in seiner schwachen Konjugation, das heißt ohne Veränderung des Stammvokals benutzt.

Nach welchen Satzzeichen schreibt man groß weiter

UND WIE SIEHT ES IN DER SATZMITTE AUS?

Nicht immer macht die deutsche Sprache es ihren Benutzern schwer. Wenn es etwa um die Frage geht, nach welchen Satzzeichen Großschreibung angesagt ist, herrscht Eindeutigkeit vor. Endet ein Satz mit einem Punkt, einem Frage- oder Ausrufezeichen, ist das erste Wort des nachfolgenden Satzes großzuschreiben. Werden zwei Sätze durch Semikolon voneinander getrennt, schreibt man das erste Wort des zweiten Satzes klein (es sei denn, es handelt sich um ein Substantiv, ein Nomen etc.): »Es regnete; später erst brach die Sonne durch.«

Beim Doppelpunkt gilt die einfache Regel, dass danach klein weitergeschrieben wird, wenn es sich um eine Aufzählung oder eine Zusammenfassung handelt: »Bitte vergesst nicht, was ihr für die nächste Stunde unbedingt besorgen müsst: einen Bleistift, Spitzer, Radiergummi, Zeichenkarton.« Folgt auf einen Doppelpunkt ein vollständiger Satz oder eine direkte Rede, geht es groß weiter: »Das lässt sich an diesem Beispiel gut demonstrieren.«

Nur zwei Fälle sind ein bisschen kniffliger: Wenn innerhalb eines Satzes ein Buchtitel oder eine Gedichtzeile mit Anführungszeichen eingefügt werden, ist das erste Wort nach dem Anführungszeichen großzuschreiben. »Im Juni 1906 schrieb Rainer Maria Rilke in Paris sein Gedicht ›Das Karussell‹.« Wird in einen Satz eine wörtliche Rede eingefügt, die mit Punkt, Frage- oder Ausrufezeichen endet, wird der einschließende Satz klein weitergeführt: »›Wie geht es dir?‹, fragte sie mich, und nachdem ich ihr geantwortet hatte: ›Ganz wunderbar!‹, wandte sie sich von mir ab, als wolle sie von meinem Wohlbefinden nichts weiter erfahren.« Innerhalb eines solchen Satzes müssen sich Punkt, Fragezeichen und Ausrufezeichen im Zweifel dem Komma unterordnen – für alle vier eine ganz außergewöhnliche Erfahrung.

Was macht die Bildung des Imperativs so schwierig

UND WARUM IST SCHANTALLS OMA KEINE ECHTE HILFE?

*S*chantall, tu ma die Omma winken! Was Kai Twilfer zum Titel seines Buches erkoren hat, ist nicht aus der Luft gegriffene Imperativrealität, sondern täglich tausendfach erlebbar, im Supermarkt, am Kiosk, beim Frisör. »Tut endlich was!«, möchte man da allen Liebhabern einer gepflegten deutschen Sprache zurufen, denn in der Umgangssprache schwächelt der

Imperativ gewaltig. Das mag daran liegen, dass wir uns mit der Befehlsform als solcher schwer tun, weil wir autoritären Ge- und Verboten gründlich zu misstrauen gelernt haben. Aber miserabler Sprachgebrauch macht Kindheitstraumata auch nicht besser. »Verdirb mir bloß meine gute Laune nicht« wird auch mit einem falschen »verderb« nicht freundlicher, und »Wirf mir mal den Hammer rüber« wird in »Tu mir mal den Hammer rüberwerfen« zum sprachlichen Wurfgeschoss.

Dabei ist die Imperativbildung wahrhaftig keine der höchsten Hürden, die es in der deutschen Sprache zu nehmen gilt. Allenfalls bei den starken Verben, bei denen sich in der Befehlsform der Stammlaut verändert, ist Vorsicht geboten: So wird aus »helfen« »hilf«, aus »brechen« »brich«, aus »essen« »iss« usw.

Soll eine Aufforderung an jemanden gerichtet werden, den wir nicht duzen, ist der Imperativ in der Höflichkeitsform zu verwenden. Hier erweist sich das Verb »sein« als tückisch: »Sind Sie bitte so freundlich und stellen Ihre Handys aus« kennen wir alle. Richtig wäre die Formulierung »Seien Sie bitte so nett ...« Denn die Höflichkeitsform des Imperativs wird aus dem Konjunktiv gebildet, der im Fall von »sein« eben nicht identisch mit dem Indikativ ist. Wer noch ein bisschen höflicher – oder raffinierter – sein möchte, vermeidet einfach den direkten Imperativ und entscheidet sich für eine elegantere Ersatzform: »Ich möchte, dass ihr endlich kommt.« »Ihr müsst euch das ansehen.« »Bringt ihr den Kuchen mit?«

Wie verwendet man die indirekte Rede korrekt

UND WESHALB HILFT SIE GEGEN KLATSCH UND TRATSCH?

*M*eister der indirekten Rede sind heute selten geworden. Den Kampf mit dem Konjunktiv hat schon so mancher Redner und so mancher Autor schmählich verloren. Daniel Kehlmann allerdings hat bewiesen, wie virtuos sich damit umgehen lässt. Die Gespräche und Dialoge in seinem historischen Roman »Die Vermessung der Welt« sind durchweg in indirekter Rede verfasst. Auf diese Weise schafft Kehlmann eine Art respektvoller Distanz zu seinen Figuren, gleichzeitig eröffnen sich ihm Freiräume für feine ironische Zwischentöne und subtilen Humor. Und auf dem glatten Parkett der Konjunktive erweist Daniel Kehlmann sich als absolut trittsicher!

Die indirekte im Gegensatz zur direkten Rede gibt eine Aussage, eine Frage, einen Gedanken nicht unmittelbar, sondern mittelbar wieder, sozusagen »gefiltert« durch Wahrnehmung und Wiedergabe eines Dritten. Aus »Oma sagt: ›Ich habe Hunger‹« wird »Oma sagt, sie habe Hunger«. Und aus »Max fragt: ›Darf ich aufstehen?‹« wird »Max fragt, ob er aufstehen dürfe«. In der Regel wird eine indirekte Rede von einem Verb des Sagens oder Denkens oder einem entsprechenden Substantiv eingeführt: »Die Behauptung, er habe niemals zu viel Alkohol getrunken, sollte ihm später zum Verhängnis werden.«

Die größten Probleme bei der Formulierung eines Satzes in indirekter Rede ergeben sich aus dem Gebrauch des Konjunktivs. Grundsätzlich erfordert die indirekte Rede nicht immer einen Konjunktiv. Soll der Verbindlichkeitsanspruch der Originaläußerung übernommen werden, wird die (zumeist mit »dass« eingeleitete) indirekte Rede mit dem Indikativ gebildet: »Sie teilte uns mit, dass ihre Mannschaft gewonnen hat«. Will der Berichtende gegenüber der wiedergegebenen Aussage auf Distanz gehen und offen lassen, ob sie als wahr anzusehen ist oder nicht, ist der Konjunktiv zu verwenden: »Der alte Mann erklärte, er erlebe seinen zweiten Frühling.«

Aber Konjunktiv ist noch lange nicht gleich Konjunktiv. Ein bisschen komplizierter wird es nämlich dadurch, dass eine Reihe Konjunktiv-I-Formen nicht vom Indikativ zu unterscheiden sind – und dann muss die indirekte Rede auf die entsprechende Konjunktiv-II-Form ausweichen. Eine eindeutige Unterscheidung zwischen Indikativ und Konjunktiv I ist durchgängig nur in der 3. Person Singular gegeben (er liebt – er liebe, sie geht – sie gehe). Die 1. und 2. Person Singular sowie alle Pluralformen dagegen machen den Konjunktiv II erforderlich: »Die Männer sagten, sie gingen (nicht: gehen) ins Stadion.«

Obwohl wir eigentlich angesichts der medialen Berichterstattung darüber, was der Politiker X zum Besten gegeben hat, im Umgang mit dem Konjunktiv tagtäglich vorbildlich geschult werden müssten, ist gerade das Gegenteil der Fall. Die korrekte Konjunktivanwendung – gerade in der Version II – erweist sich zunehmend als Problem. Daran ist die Gespreiztheit mancher Konjunktiv-II-Form nicht ganz unschuldig: »wir flögen«, »sie würfen«, »ich löge« klingt im Umfeld der Alltagssprache so befremdlich, dass viele Schreiber und Sprecher sich heute lieber mit einer »würde«-Form und dem Infinitiv des

Verbs behelfen: »Sie sagten, sie würden sich schon lange kennen (statt: sie kennten).« Genau umgekehrt verhält es sich bei den Verben »sein«, »haben« und »werden«: Hier wird in der indirekten Rede der (nicht erforderliche) Konjunktiv II dem Konjunktiv I häufig vorgezogen: »Er glaubte, er wäre (statt »sei«) unser Chef und hätte (statt »habe«) darüber zu befinden, wen von uns er entlassen würde (statt »werde«).« Die Probleme mit dem Konjunktiv in der indirekten Rede werden sich so ohne Weiteres nicht lösen lassen – es sei denn, wir verzichteten fortan komplett darauf, anderer Leute Reden wiederzugeben. Das wäre zumindest ein probates Mittel gegen Klatsch und Tratsch!

Was ist falsch an »nichtsdestotrotz«

UND WAS HAT »ALICE IM WUNDERLAND« DAMIT ZU TUN?

Wenn aus Deutsch und Englisch Denglisch, aus Breakfast und Lunch Brunch und aus Bombay und Hollywood Bollywood wird, sprechen wir von »Kofferwörtern«. Der Begriff »Kofferwort« stammt von dem englischen Schriftsteller Lewis

Carroll (»Alice im Wunderland«), der in seinem Werk zusammengesetzte Wörter mit einem Handkoffer vergleicht, der unterschiedliche Gegenstände in seinem Inneren versammelt. Auch »nichtsdestotrotz« ist ein Kofferwort, zusammengesetzt aus »nichtsdestoweniger« und »trotzdem«. Das Besondere in diesem Fall ist, dass hier zwei gleichbedeutende Wörter kombiniert werden, die auch in der neuen Form keinen anderen als den ursprünglichen Sinn ergeben.

Seinen Ursprung hat das Konjunktionaladverb »nichtsdestotrotz« in der Studentensprache des 19. Jahrhunderts, in der sich Verballhornungen, im Deutschen wie im Lateinischen, großer Beliebtheit erfreuten. So lautete das lateinische Pendant zu »nichtsdestotrotz« »nihilo trotzquam«. Aus der Studentensprache fand das Wort Eingang in die Umgangssprache. Inzwischen versucht es sich durchaus auch standardsprachlich zu etablieren, wie sich in schriftlichen und mündlichen Verlautbarungen immer wieder feststellen lässt. »Nichtsdestotrotz« muss das Wort um die »offizielle« Anerkennung durch die deutschen Sprachhüter immer noch kämpfen.

Daran kann auch der Umstand nichts ändern, dass bei einem internationalen Wettbewerb des Deutschen Sprachrats, der sich 2004 auf die Suche nach den schönsten deutschen Wörtern machte, selbst eine »graue Maus« wie das Wort »nichtsdestotrotz« Erwähnung und liebevolle Begründung fand. Aber wie hieß es schon damals anlässlich der Veröffentlichung des Buches mit den schönsten Wörtern: »Die Schönheit eines Wortes liegt vor allem im Auge des Betrachters.«

Ist die Tür »offen« oder »auf«

UND WARUM IST DAS »ZUE FENSTER« AUCH NICHT BESSER?

Der ist vor nix fies, sagen die Rheinländer, wenn sie über jemanden sprechen, der sich selbst für schmutzigste Arbeiten nicht zu schade ist. »Der ist vor nix fies« möchte man zuweilen auch sagen, wenn jemand bei der Benutzung der deutschen Sprache allzu sehr auf grammatikalische Abwege gerät. Die Präposition »auf« liefert dafür ein schönes Beispiel: Wenn ich ein Fenster geöffnet habe, dann steht es nicht auf, sondern offen, und es ist mitnichten ein »aufes« Fenster. Ebenso eindeutig ist das geschlossene Fenster kein »zues« Fenster, auch wenn diese Formulierung sich landauf, landab großer Sympathien erfreut. Solcherlei monströse Sprachauswüchse, bei denen die Präposition als prädikatives (ist auf) oder gar attributives Adjektiv (aufe Tür) eingesetzt wird, entstammen natürlich der Umgangssprache: »Die Tür bleibt auf! Die Tür soll auf stehen, hab ich gesagt! Auf! Ich mag keine zuen Türen, denn ich stand gestern plötzlich vor der zuen Tür.«

Aber es gibt inzwischen zahllose Beispiele dafür, dass allzu intensiver umgangssprachlicher Gebrauch am Ende dann doch an den Grundfesten der Standardsprache zu rütteln beginnt. Also ist Vorsicht geboten – wehret den Anfängen! Im Fall von »auf« und »offen« ist das ursächliche Grundproblem eine große, allgemeine Unsicherheit im Umgang mit beiden Wörtern. Dabei kann man sich ihre jeweilige Benutzung leicht vergegenwärtigen. Denn »auf« beschreibt in Verbindung mit Verben den Vorgang des Sichöffnens oder eine Tätigkeit des Öffnens: aufbrechen, aufschließen, aufdrehen. Demgegenüber definiert »offen« einen Zustand des Geöffnetseins, also das Resultat des Öffnens: offen sein, offen stehen, offen lassen, offen bleiben. Ich schließe die Tür auf, und dann ist sie offen. Oder: Die Tür geht immer wieder auf, und am Ende lasse ich sie einfach offen stehen.

Was unterscheidet Reverenz und Referenz

UND WAS HAT DER HANDKUSS DAMIT ZU TUN?

*E*s hat Zeiten gegeben, in denen ständisches Denken einen wichtigen Teil des gesellschaftlichen Zusammenlebens ausmachte. Der Lehrer, der Pfarrer, der Arzt im Ort waren Autoritäten, denen man respektvoll begegnete. Dem Landesherrn, dem Bischof, Graf und Gräfin, Fürst und Fürstin – und erst recht König und Königin begegneten alle Menschen von niederem Rang mit höchster Ehrerbietung: Sie erwiesen ihnen ihre Reverenz – durch eine Verbeugung, einen Kniefall, einen Knicks, einen gehauchten Handkuss.

Wer in heutiger Zeit noch weiß, wie man Würdenträger formvollendet begrüßt oder anspricht, ist gegenüber dem größeren Teil seiner Zeitgenossen eindeutig im Vorteil – und kann das gegebenenfalls auch als Referenz, bei einer Bewerbung zum Beispiel, anführen. Denn was es heißt, jemandem seine Reverenz zu erweisen, ist heute weitgehend in Vergessenheit geraten. Schlimmer noch: Viele wissen schon gar nicht mehr, dass Reverenz, gesprochen mit einem weichen »w«-Laut, nicht das Geringste mit den Referenzen zu tun hat, die ein potenzieller künftiger Arbeitgeber einfordert.

Dabei haben die beiden so ähnlichen Wörter, die sich nur in einem – entscheidenden – Buchstaben unterscheiden, nichts miteinander zu tun, weil sie völlig unterschiedlicher Herkunft sind: Die Reverenz stammt vom Lateinischen »reverentia« und bedeutet ursprünglich »Achtung«, »Scheu«, »Ehrfurcht«. Die Referenz ist eine Entlehnung aus dem Französischen (référence) bzw. aus dem Lateinischen (referre = sich auf etwas beziehen) und ist heute gebräuchlich im Sinne eines Verweises auf eine Person oder ein Dokument, das als zuverlässige Auskunftsquelle gelten kann. Gute Referenzen kann sich jeder erarbeiten. Reverenzwürdig wird man deshalb noch lange nicht.

Wann sagt man »scheinbar«, wann »anscheinend«

UND WELCHE VERBINDUNG BESTEHT ZUM »SCHÖNEN SCHEIN«?

---

*E*s stünde schlecht um unsere Welt, wenn wir den Medienberichten immer trauen würden. Was da so alles »scheinbar« geschehen ist, könnte uns den Glauben an den Menschen und dessen Tun endgültig verlieren lassen: »Die Staatschefs haben sich scheinbar auf einen Kompromiss geeinigt«, hören wir da. »Die Atomkatastrophe ist damit scheinbar abgewendet.« »Die Europäer haben scheinbar ihre Finanzen wieder im Griff.« In allen drei Fällen wären Katastrophen vorprogrammiert, weil hier der Schein trügen würde und die Realität eine ganz andere wäre. Da kann man nur hoffen, dass das Problem nicht in der Sache, sondern lediglich im Sprachgebrauch der Berichterstatter liegt: »Die Staatschefs haben sich anscheinend auf einen Kompromiss geeinigt«, würde die Lage wieder zurechtrücken, genau wie: »Die Atomkatastrophe ist damit anscheinend abgewendet.« Oder: »Die Europäer haben anscheinend ihre Finanzen wieder im Griff.« Denn »anscheinend« und »scheinbar« – so ähnlich sie auch klingen mögen – haben durchaus unterschiedliche Bedeutung, und die ist von weitreichender Tragweite.

In der Standardsprache drücken wir mit »anscheinend« aus, dass etwas in der Wirklichkeit auch so ist, wie es scheint.

Es liegt nur eine gewisse Vorsicht in der Formulierung, aber alles spricht dafür, dass unser Eindruck der Sachlage entspricht.

»Scheinbar« dagegen beschreibt das Vortäuschen falscher Tatsachen, einen »schönen Schein«, der mit der Realität nicht übereinstimmt: »Er ist scheinbar sehr mutig« beschreibt einen Menschen, der vorgibt mutig zu sein, in Wirklichkeit aber ein Angsthase ist. »Er ist anscheinend mutig« dagegen würde zur Beschreibung eines Menschen passen, der dabei ist, mit kühnem Hechtsprung eine Klippe hinab zu springen: Er gibt nicht nur vor, mutig zu sein, er beweist, dass er es auch wirklich ist.

Was ist eine Subjekt-Verb-Kongruenz

ODER WAS IST FALSCH AN »MARMOR, STEIN UND EISEN BRICHT«?

Die Freiheit des Dichters ist ein weites Feld. Was darf ein Dichter? Und was darf er nicht? Darf er für den Umgang mit der Sprache eigene Regeln erfinden oder mit vorhandenen Regeln brechen? Egal, wie die Antwort lautet, dass Dichter es immer mal wieder gern getan haben, lässt sich nicht leugnen.

Aber genießen auch Schlagertexter diese dichterische Freiheit? Im oft zitierten Fall von Drafi Deutschers legendärer Schlagerzeile »Marmor, Stein und Eisen bricht« müsste das Verb korrekt flektiert »brechen« lauten. Aber wo bliebe da der Reim: »aber unsere Liebe nicht«? Darf der Zwang zum Reim die Pflicht zu dem, was Germanisten korrekt und neutral als Subjekt-Verb-Kongruenz bezeichnen, übertrumpfen? Eine stillschweigende Nachbesserung, wie sie im Kinderlied (»Hänschenklein«) stattgefunden hat (statt »Stock und Hut steht ihm gut« singen Kinder heute: »Stock und Hut stehn ihm gut«), ist unspektakulär im Schlagerbeispiel nicht möglich.

Sei's drum: Was einer Reim-dich-oder-ich-beiß-dich-Schlagerzeile recht ist, muss dem Rest der Nation deshalb trotzdem nicht billig sein. Und für die Kongruenz zwischen Subjekt und Verb hinsichtlich des Numerus gilt nach wie vor die klare Grundregel, dass das flektierte Verb den gleichen Numerus haben muss wie das Subjekt. Probleme bereitet diese Regel immer dann, wenn das Subjekt wie in oben genanntem Beispiel mehrteilig ist. Ausnahmen gibt es: In Fällen bestimmter Subjektkonstruktionen (entweder – oder, weder – noch, nicht nur – sondern auch, sowie, wie) lässt die Grammatik alternativ einen Singular- wie einen Plural-Verbanschluss zu. Ein klares Votum für den Singular gibt es in den Fällen, in denen die einzelnen Subjektteile von »kein«, »mancher« oder »jeder« begleitet werden: »Jeder Poet und jeder Schlagersänger glaubt sich heute berechtigt, Sprachregeln ignorieren zu dürfen.«

Wie steigert man Superlative

ODER GIBT ES DAS »BESTGEHÜTETSTE« GEHEIMNIS« DER WELT WIRKLICH?

———

Wir leben in Zeiten, in denen der Komparativ fast schon ausgedient hat. Wer spricht denn noch von »höher«, »schöner«, »besser«. Heute ist anderes gefragt: Das »schönste« Outfit, die »geilste« Braut, die »steilste« Karierre. Alles darunter wäre zu wenig. Längst vergessen ist die Erkenntnis Otto von Bismarcks, dass jeder Superlativ zum Widerspruch reizt. Längst vergessen ist auch die Grundregel, dass es für einen Superlativ immer Vergleichsgrößen braucht: Um den »schönsten« Hut zu bestimmen, braucht man zumindest drei Hüte im Vergleich. Bei zwei Hüten kann einer immer nur der »schönere« von beiden sein.

Die Steigerungswut in deutschen Werbetexten hat auf die Umgangssprache übergegriffen und macht auch vor Super-Superlativen nicht mehr halt. Nur: Dann wird es kompliziert, zumindest, was die Handhabung der deutschen Sprache anbelangt. Das »bestgehütetste« Geheimnis mag ja gut gehütet sein, grammatikalisch falsch ist es dennoch. Denn bei zusammengesetzten Adjektiven wird in den Steigerungsformen immer nur ein Wortteil gesteigert – entweder der erste oder der zweite.

Wenn der erste Wortteil gesteigert wird, wird aus einem gut bezahlten der »am besten bezahlte« Job, aus einem »hoch gelegenen« der »höchstgelegene« Ort. Die Getrennt- oder Zusammenschreibung kann dabei durchaus unterschiedlich ausfallen.

Denn wird der zweite Teil des Adjektivs gesteigert, ist eine Zusammenschreibung immer obligatorisch: der »altmodischste« Hut, die »schwerwiegendsten« Bedenken.

In einigen Fällen ist sowohl die Zusammen- als auch die Getrenntschreibung möglich: Bei »weitgehend«, muss der Superlativ weitestgehend (Das Problem ist weitestgehend gelöst) zusammengeschrieben werden, während »am weitesten gehende« (die am weitesten gehende Forderung) getrennt geschrieben wird.

Wie wendet man Vergleiche korrekt an

ODER WER IST DIE SCHÖNSTE IM GANZEN LAND?

———

Wenn ein Rheinländer zum Vergleich greift, klingt das – frei nach Konrad Beikircher – möglicherweise so: »Ich bin genauso schlau als wie dat Billa, un auf jeden Fall schöner als wie dat Marie.« Doppelt gemoppelt hält im Rheinland (und in einigen anderen deutschen Regionen) eben besser, und »als« und »wie« im Vergleichsdoppelpack – das kann ja so falsch nicht sein. Immerhin kennen wir das doch auch aus höchst kompetenter Feder: »Da steh ich nun, ich armer Tor, und bin so klug als wie zuvor« (Goethe, Faust, 1. Teil). Aber was dem großen Dichterfürsten recht – und reimtechnisch erforderlich – war, muss deshalb heutigen Zeitgenossen nicht billig sein.

»Als« und »wie« gehören beide in die Schublade zu den Vergleichen – allerdings sind sie niemals gegeneinander austauschbar. Die Unterscheidung ist auf die simple Kurzformel: »(genau)so wie« – »anders als« zu bringen: Billa ist genauso schön wie Marie. Aber Marie ist eindeutig schlauer als Billa. Diese »klassische« Unterscheidung wird heute im alltäglichen Sprachgebrauch allerdings gern und häufig unterlaufen, etwa, wenn Emil sich beim Lehrer beschwert: »Ich kann viel besser rechnen wie der.«

Vergleiche sind in jedweder Form eine Herzensangelegenheit. Im Abgleich mit meinen Mitbewerberinnen, meinen Kollegen oder meinen Freunden erlangen Beziehungen ihre ganz eigene Dynamik: Genauso schön, schnell, erfolgreich oder wohlhabend zu sein wie mein Vergleichspartner, sorgt für ein gutes Gefühl. Besser ist es, noch ein klein bisschen schöner, schneller, erfolgreicher oder wohlhabender als der andere zu sein, schafft das doch ein angenehmes Gefühl von Überlegenheit.

Der Positiv, der Vergleich in der Grundform, führt zur Begegnung auf Augenhöhe: der/die/das eine ist wie der/die/das andere. Im Komparativ gerät die Gleichheit aus den Fugen! Hier geht es um ungleiche Relationen, um ein – je nach Sicht – auf- oder absteigendes Gefälle zwischen Personen, Objekten oder Sachverhalten.

Die dritte Vergleichsoption schließlich ist die superlativische: Wenn es um den höchsten Grad einer Eigenschaft innerhalb einer Gruppe von drei oder mehr Vergleichsobjekten geht, lässt sich bestimmen, wer oder was innerhalb der Vergleichsgruppe der Klügste, die Beste, das Schönste ist. Da wir in Zeiten leben, die nach dem »höher, schneller, weiter«-Leistungsprinzip am liebsten mit dem Maximalen und Optimalen kokettieren, ist der Superlativ ausgesprochen beliebt – selbst dann, wenn er unangemessen ist: Wenn ich der Einzige bin, der über Sprachintelligenz verfügt, strafe ich diese Behauptung sofort Lügen, wenn ich mich als »der einzigste« darstelle, der die deutsche Grammatik beherrscht. Denn das Adjektiv »einzig« beschreibt bereits einen Grad, der nicht steigerbar ist – ähnlich wie: erstklassig, total, universal, voll, optimal. Wenn in einem Arbeitszeugnis vermerkt wird, dass ein Mitarbeiter »zu vollster Zufriedenheit« gearbeitet hat, sollte das – nicht nur sprachlich – misstrauisch stimmen.

Uneinigkeit herrscht auch hinsichtlich der Steigerung von Farbadjektiven: Kann etwas – außerhalb der Werbung – »weißer als weiß«, ein Schwarz »schwärzer« als ein anderes oder ein Baum »grüner« als der andere sein? Die Sprachexperten sagen ja. Und im Fall von »rot« werden sogar zwei Steigerungsformen akzeptiert: »roter« oder »röter«, »am rotesten« und »am rötesten«. Haben Sie schon mal jemanden erlebt, der »am rötesten« sieht? Das sollte man wohl tunlichst vermeiden – so oder so!

Bei Farbkomposita greift die Regelung im Übrigen nicht: »Dunkelrot«, »mintgrün« oder »veilchenblau« dürfen sich nicht steigern lassen: Das »mintgrünste« Kleid gibt es nicht!

Was ist eine Verlaufsform

ODER SIND SIE NICHT GERADE »AM LESEN«?

Wer im Englischen über eine im Verlauf befindliche Handlung berichten will, bedient sich dazu der »progressive form«: She is reading. Und im Deutschen? Sie ist gerade dabei zu lesen – ist korrekt, aber umständlich. Sie ist beim Lesen? Das ist auch korrekt, aber ein bisschen gestelzt. Sie ist am Lesen? Gesprochen zumindest akzeptiert, geschrieben den meisten Sprachpuristen immer noch ein Dorn im Auge.

Über die Verlaufsform im Deutschen, bei der ein substantiviertes Verb, eine Form von »sein« und das kleine Wörtchen »am« eine dynamische Verbindung eingehen, lässt sich trefflich streiten: Ist sie ein Phänomen der Umgangssprache, das sich sukzessive in der Standardsprache ausbreitet? Hat sie regional eingrenzbare Wurzeln, im Rheinischen, im Westfälischen, im Ruhrgebiet? Ist sie eine Entwicklung des 20. Jahrhunderts oder doch schon älteren Datums?

Wer sich noch daran erinnern kann, dass im Deutschunterricht der allzu häufige Gebrauch von »am«-Verlaufsformen mit dem Satz »Die Kuh am Schwanz am raus am Ziehen« getadelt wurde, dürfte eher älteren Semesters sein. Lehrer heute tun sich schwer, den Gebrauch der Verlaufsform zu kritisieren. Denn ihre in solchen Fragen meist oberschlauen Schüler können ihnen zuhauf Belege aus Zeitungen und Zeitschriften, selbst aus Romanen und Sachbüchern beibringen, in denen ganz selbstverständlich Menschen »am Reden, am Arbeiten, am Schreiben« sind. Und wenn sie noch ein bisschen schlauer sind, berufen sie sich gar auf »Klassiker« wie Wilhelm Raabe oder Hermann Hesse, in deren Büchern durchaus die eine oder andere Verlaufsform anzutreffen ist. Wo sich Grammatikexperten streiten, freuen sich die Sprachbenutzer, können sie doch endlich guten Gewissens ihrem eigenen Sprachempfinden folgen.

Wie benutzt man die Form der Vorvergangenheit richtig

ODER WAREN SIE AUCH SCHON EINMAL IN ITALIEN GEWESEN?

Neulich, beim Kaffee in der Kantine, tauschten sich die Kollegin aus Berlin und ihr Kollege aus dem Ruhrgebiet über Urlaubserfahrungen aus: »Also, letztes Jahr, da waren wir ja in Italien gewesen«, sagt die eine. Und der andere: »Nachdem ich mir im Reisebüro die Preise angeguckt habe, war ich dann doch nur an der Nordsee gewesen.« Sollte das Gespräch der Auftakt zu einem kleinen Techtelmechtel werden, hätten die beiden immerhin eine starke Gemeinsamkeit: den falschen Gebrauch der deutschen Tempora inklusive einer besonderen Liebe zum Plusquamperfekt.

Diese Zeitform ist die im Deutschen am wenigsten gebräuchliche – und doch erfreut sie sich, gerade im Umgangssprachlichen, an falschen Stellen einiger Beliebtheit. Denn das Plusquamperfekt ist die Zeitstufe der »Vorvergangenheit« oder »vollendeten Vergangenheit«. Und korrekterweise wird sie immer dann gebraucht, wenn ein Geschehen – vom Standpunkt des Sprechenden aus betrachtet – vor einem anderen Ereignis, das ebenfalls in der Vergangenheit liegt, angesiedelt ist. In diesem Fall wird sie mit »hatte« oder »war« und dem Partizip II gebildet. Typische Konjunktionen, die ein zeitliches Nacheinander in der Vergangenheit beschreiben, sind beispielsweise

»nachdem« oder »bevor«: »Nachdem sie ausgiebig getanzt hatte, verließ sie die Party« oder »Ich war schon nach Hause gegangen, bevor es richtig losging«. Korrekt hätte es im obigen Kantinendialog also heißen müssen: »Nachdem ich im Reisebüro die Preise angeguckt hatte, war ich dann doch nur an der Nordsee.«

Die korrekte Verwendung von »gewesen« findet ausschließlich beim Kopularverb »sein« statt: »Der Rockstar zog sich aus dem öffentlichen Leben komplett zurück, nachdem er schon jahrelang wegen Drogenmissbrauchs in therapeutischer Behandlung gewesen war.«

Was unterscheidet Worte von Wörtern

UND WESHALB SOLLTE MAN LETZTERE AUF DIE GOLDWAAGE LEGEN?

———

Wie viele Wörter der deutsche Wortschatz umfasst, lässt sich nur näherungsweise sagen, zu groß ist die Zahl der Neuschöpfungen und der Entlehnungen, die ständig hinzukommen: Von rund 300 000 bis 500 000 Wörtern ist auszugehen, die allerdings kein Mensch in kompletter Summe kennen und beherrschen dürfte. Der Wortschatz umfasst Wörter, keine Worte, und der Unterschied ist beträchtlicher, als die zweifache Pluralbildung auf den ersten Blick vermuten lassen würde. Denn als Wörter gelten sämtliche »Lautgebilde«, denen eine bestimmte Bedeutung zugesprochen wird: Wie viele »Fremdwörter« wir wohl tagtäglich benutzen? Wie viele Eigenschaftswörter unser Wortschatz wohl umfasst? Wie viele Wörter kann ein Schüler sich innerhalb einer Woche im Fremdsprachenunterricht einprägen?

Seit 1977 ernennt die Gesellschaft für Deutsche Sprache jedes Jahr ein »Wort des Jahres«. Seit 1991 wird von einer Jury an der Universität Frankfurt und mithilfe der Zuschriften aus der Öffentlichkeit ein »Unwort des Jahres« ausgewählt. In Serie kommen dabei eine ganze Menge »Wörter« und »Unwörter« zusammen – keinesfalls jedoch »Worte« und »Unworte«.

Denn im Gegensatz zu den Wörtern sind »Worte« definiert als »zusammenhängende Rede«, als »Ausspruch«, »Erklärung«, »Beteuerung«. Wer das samstägliche »Wort zum Sonntag« regelmäßig hört, braucht anschließend Zeit, um über die gehörten Worte nachzudenken. Und manch einer, der über den fundamentalen Qualitätsunterschied zwischen Wörtern und Worten einmal gründlich nachdenkt, wird zu dem Ergebnis kommen, dass unsere Zeit vielleicht reich an »Wörtern«, aber eigentlich eher arm an Worten ist, die unser Herz und unseren Verstand wirklich berühren und aufrütteln. Um den Wortschatz ist es nicht schlecht bestellt, wohl aber um den Schatz weiser Worte.

Sprachspuren

Woher kommt das Wort »Bungalow«

UND WAS HAT ES MIT DEM BUMERANG ZU TUN?

Lange bevor der Massentourismus auch die letzten Winkel dieser Erde unsicher zu machen begann, waren es Abenteurer und Händler, Missionare und machthungrige Kolonialherren, die sich die verschiedenen Kontinente untertan zu machen versuchten. Von ihren Reisen brachten sie dann in die Heimat zurück, was sie an Schätzen in fernen Ländern entdeckt hatten – Gewürze und exotische Pflanzen, edlen Stoff, schönes Porzellan und kostbares Geschmeide, nicht zuletzt auch neue Wörter. So entstammt das Wort »Ananas« der Sprache der Guarani, eines indianischen Volksstammes in Südamerika. Der »Bumerang« hat aus der Sprache der Tharawal, eines Aboriginesstammes in Australien, seinen Weg zu uns gefunden. »Schokolade« ist aztekischen, »Basar« persischen, »Vampir« serbokroatischen und »Bambus« malaiischen Ursprungs.

Und auch der »Bungalow« hat ferne Wurzeln, deren feine Verästelungen bis heute ungeklärt sind. Als gesichert darf gelten, dass der Ursprung des Wortes im Nordindischen liegt und sich aus dem Hindiwort »bangla« bzw. dem Gujaratibegriff »banglo« herleitet. Fest steht auch, dass damit originär eine in leichter Bauweise errichtete, eingeschossige Behausung gemeint war. Aus den Bungalows der Bengalesen wurden die Wohnhäuser der britischen Kolonialverwalter, und diese exportierten Wort und Leichtbauweise in die englischen Seebäder. Dort entdeckte die britische »Arts-and-Crafts-Bewegung« die architektonischen Möglichkeiten des Bungalows und schuf die Grundlage für eine Entwicklung, die in vielen westlichen Ländern aus der ursprünglich schlichten indisch-bengalischen Behausung eine mehr oder weniger luxuriöse Immobilie werden ließ. Nur im Osten Deutschlands blieb der Bungalow bis in die Wendezeit ein sommerliches Urlaubsprovisorium, das keinesfalls zum ganzjährigen Bewohntwerden taugte.

Was hat es mit dem Wort »Cocktail« auf sich

UND WAS VERBINDET ES MIT EINEM PFERD?

Nein, keine Sorge: Dass man nach allzu leidenschaftlichem Cocktailgenuss das eine oder andere Pferd auf dem Flur oder an anderem unpassendem Ort stehen sehen könnte, ist nicht die gesuchte Antwort auf unsere Frage. Diese reicht weiter und tiefer zurück, in Zeiten, in denen der erste Cocktail erst noch gemixt und genossen werden wollte. In jener Zeit – wir reden über das 18. Jahrhundert und richten unseren Blick in Richtung Amerika – pflegte man Pferden die Schwänze zu stutzen, so dass sie ein bisschen an den Schwanz eines Hahns erinnerten: Die »cock-tailed horses« waren keine reinrassigen Pferde, vielmehr floss in ihren Adern das Blut unterschiedlicher Rassen. Damit war, so deuten Sprachforscher heute, die Brücke zu den ersten Cocktails gebaut. Denn auch sie waren ein Gemisch und verdankten ihr Entstehen nicht hochprozentigem Luxus, sondern eher alkoholischer Minderwertigkeit – nach dem Motto: Viel Schlechtes gut geschüttelt gibt vielleicht zumindest alkoholisches Mittelmaß.

Von diesen frühen Fuselgemischen bis zu den stylishen Mixturen, um die sich Hunderte Legenden ranken und die nicht nur Cocktail-, sondern auch Literatur- und Filmgeschichte geschrieben haben, war es ein weiter Weg. Auf diesem Weg haben sich auch um die Etymologie des Wortes abenteuerlichste Geschichten entwickelt – von der an einen Hahn erinnernden Farbigkeit des Getränks über die Hahnenfedern, mit denen ein guter Cocktail gerührt werden müsse, bis hin zum idealen Zeitpunkt für den ersten Cocktail des Tages – nämlich morgens beim ersten Hahnenschrei. In Frankreich schließlich wird eine Version favorisiert, die einen nach New Orleans ausgewanderten Franzosen als »Vater« des Cocktails ansieht, weil er seine Mischgetränke in Eierbechern, »coquetiers«, servierte.

Was sind »Fisimatenten«

UND WARUM SIND SIE GAR NICHT FIES?

Die schönsten, schillerndsten, farbigsten Sprachgeschichten klingen zuweilen wunderbar überzeugend – nur wissenschaftlich haltbar sind sie leider nicht. Eine solche Geschichte rankt sich um die Herkunft des Wortes »Fisimatenten«. »Mach keine Fisimatenten«: Das sagen zumeist Menschen älterer Generationen, wenn sie jemanden davon abhalten wollen, Unfug oder Blödsinn zu machen. Bei den jüngeren Generationen ist das Wort zumeist in Vergessenheit geraten.

»Fisimatenten«, so will es die Legende, seien im 19. Jahrhundert in die deutsche Sprache eingewandert, als französische Soldaten große Teile Deutschlands besetzt hielten und fern der Heimat in Zelten kampieren mussten. Um sich ihren Alltag ein bisschen freundlicher zu gestalten, heißt es, hätten sie sich gern das eine oder andere hübsche Frauenzimmer für ein bisschen abendliche Unterhaltung eingeladen – in ihr Zelt. Das klang dann so: »Visitez ma tente (zu Deutsch: Besuchen Sie mein Zelt)!«

So charmant diese Herleitung auch klingen mag – richtig ist sie leider nicht: Denn »Fisimatenten« stammt aller Wahrscheinlichkeit nach aus der lateinischen Amtssprache des ausgehenden Mittelalters: »Visae patentes« und später »vise-patentes« waren ursprünglich schriftliche Patente, deren Erstellung mit so vielen Schwierigkeiten und so übermäßigem

Bürokratismus verbunden war, dass sich darüber der Spott der Bürger ergoss und sich dies auch in der Sprache ausdrückte.

Die in der Umgangssprache zuweilen anzutreffende Form der »Fiesematenten« wiederum versucht einen vermeintlichen Bezug zum Adjektiv »fies« (hässlich, grässlich, unangenehm, abstoßend) herzustellen, der allerdings jeder Grundlage entbehrt und eher als sprachgeschichtliche Verballhornung gedeutet werden muss.

Woher kommt das »Gulasch«

UND WESHALB HAT ES KRIEGSGESCHICHTE GESCHRIEBEN?

Welche Variante bevorzugen Sie? Szegediner oder Debrecziner, Karlsbader oder Fiaker, Wiener oder Esterházy-, Kessel- oder Wurstgulasch? Was heute gemeinhin als ungarisches Nationalgericht gilt, hat in Wirklichkeit eine multikulinarische Vergangenheit. Immerhin ist der Name etymologisch eindeutig auf das ungarische »gulyás [hús] zurückzuführen. »Gulyas« waren die ungarischen Viehhirten, »hús« bedeutet »Fleisch«: »Gulyas hús« war somit Hirtenfleisch, wie es seit dem Mittelalter von den Hütern der Rinderherden im Freien und über dem offenen Feuer zubereitet wurde. Stundenlang garten die großen Fleischstücke zusammen mit Zwiebeln und anderen Zutaten in riesigen Kesseln; da machte es nichts aus, dass es sich meist um das zähe Fleisch alter Tiere handelte. Paprika, heute ein zentraler Bestandteil des Gerichts, war in den Gulaschanfängen überhaupt noch nicht bekannt, musste seine kulinarische Erfolgsreise von Amerika aus erst noch antreten, ehe es auch auf dem Balkan als preiswerte Alternative zum Pfeffer Verbreitung – und Eingang in die Gulaschkessel fand.

Von Ungarn aus eroberte Gulasch die österreichische, die tschechische, später auch die deutsche Küche, wurde dort verfeinert und abgewandelt – und dann nach Ungarn reimportiert. Dort unterscheidet man heute zwischen »Pörkölt«, Gulasch als Fleischgericht, und »Gulasch« als Gulaschsuppe. Kriegerische Berühmtheit erlangt hat die »Gulaschkanone«, eine deutsche Erfindung des 19. Jahrhunderts. Es handelt sich dabei um einen Feldkochherd auf einem mobilen Anhänger, in den eine Feuerstelle und riesige Kessel integriert waren. Darin ließen sich Eintöpfe perfekt herstellen und warm halten. Besonders beliebt bei den Soldaten waren Gulasch oder Gulaschsuppe, weil sich das Fleisch in den heißen Kesseln besonders scharf anbraten ließ – was ein intensives Aroma gewährleistete.

Was bedeutet »Hokuspokus«

UND WESHALB BRAUCHT MAN DAFÜR
KEINE LATEINKENNTNISSE?

*A*nmaßende Halbbildung an den Pranger zu stellen, war zu allen Zeiten ein Privileg der schreibenden Zunft. Im Zeitalter der Renaissance waren es Dichter wie der Meistersinger Hans Sachs, die in übermütigen Versen und mit einer grotesken Mischung aus Latein und Deutsch die in ihren Augen allzu devote Hochachtung vor dem Lateinischen ebenso wie die Einfalt vieler ihrer Zeitgenossen anprangerten.

Vor diesem Hintergrund entstand die scheinlateinische Zauberformel »Hax pax max Deus adimax«, die für das Jahr 1532 erstmals bezeugt ist und als etymologischer Kern für die spätere »Hokus-pokus«-Formulierung gilt. Schon im England des 17. Jahrhunderts wurde ein Taschenspieler als »hocospocos« tituliert. Schließlich wurde der Begriff auf die gesamte – ein bisschen anrüchige – Kunst des Taschenspielens übertragen.

In dieser Bedeutung verbreitete »Hokuspokus« sich in kurzer Zeit in ganz Europa: »Denn sehet, sie (die Besessenen) sind daselbst nötig, den Geistlichen Materie zu Mirakuln zu geben und zu zeigen, welche Krafft ihr Okusbokus auff den Teuffel habe«, war 1693 in der »Bezauberten Welt« des protestantischen Theologen Balthasar Bekker zu lesen.

Von solcherlei vermeintlicher Zauberkraft – und dem Glauben daran – sind wir heute weit entfernt. Wer Hokuspokus macht, hat vor allem Unsinn im Kopf, gefällt sich darin, seine Umgebung zum Narren zu halten und vielleicht mit dem einen oder anderen Trick zu überraschen. Gleichzeitig feiert das Fantasygenre allenthalben fröhliche Urständ, im Film, in der Literatur, auf dem Spielemarkt. Wen wundert es da, dass vor einiger Zeit ein Computer-Familienspiel mit dem Titel

»Hokuspokus« publiziert wurde, bei dem die Figuren im Spiel mit magischen Zaubersprüchen wahrhaft Wundersames bewerkstelligen können?

Wie kam der »Knast« zu seinem Namen

UND WARUM MUSS DORT HEUTE NIEMAND MEHR »KNAST HABEN«?

$\mathcal{D}$ie deutsche Behördensprache ist stets um neutrale Sachlichkeit bemüht. Für jene Einrichtungen, in denen Straftäter ihre Freiheitsstrafen verbüßen müssen, hat sich dort der Name »Straf-« oder »Justizvollzugsanstalt« etabliert. Zwischen dem, was dieser Begriff und das umgangssprachlich viel beliebtere Wort »Knast« an Bildern und Assoziationen auslösen, liegen Welten. Das ist nicht zuletzt darauf zurückzuführen, dass der »Knast« etymologisch spannende Wurzeln hat, die bis ins Latein der Römerzeit und von dort über das Griechische, Hebräische und Jiddische bis ins Rotwelsche führen. Das rotwelsche »Knast« bedeute ursprünglich eine Geld-, später dann eine Haftstrafe, noch später fand es auch auf das Gebäude Anwendung, in dem eine Strafe zu verbüßen war.

Solcherlei Orte, dem überwiegenden Teil der Bevölkerung nur vom Hörensagen und heute aus illustren Fernsehserien (»Hinter Gittern – der Frauenknast«) bekannt, haben schon immer die Sprachfantasie angeregt: Alle, die im »Bau«, im »Bunker«, im »Kittchen« oder im »Loch« gelandet sind, hat das gleiche Schicksal ereilt. Die meisten Komposita und Ableitungen lassen sich allerdings vom Wort »Knast« herleiten. So werden die Insassen eines Gefängnisses umgangssprachlich gern als »Knastis«, »Knastologen« oder »Knackis« bezeichnet. »Knast schieben« steht redensartlich für »eine Haftstrafe abbüßen«, ein »Knastbulle« ist ein Vollzugsbeamter, ein »Knastpope« ein Gefängnisseelsorger.

Eher im ostdeutschen Raum zu Hause ist eine umgangssprachliche Redewendung, die »Knast haben« im Sinne von »Hunger haben« deutet: »Ich habe solchen Knast, ich könnte ein ganzes Schwein verdrücken.« Gut möglich, dass hier die Fantasie von schlecht ernährten, ewig hungernden Häftlingen die gedankliche Verbindung herstellt.

Was bedeutet »Kokolores«

ODER WANN ÜBERSPANNTEN DIE GELEHRTEN DEN BOGEN?

Um dem Wort »Kokolores« auf die Spur zu kommen, muss man tief in die deutsche und europäische Bildungsgeschichte einsteigen. Bis zum 18. Jahrhundert war Latein in Europa die Sprache der Gelehrsamkeit – und der Gelehrten. Ob im Mittelalter, in der frühen Neuzeit oder der Renaissance: Wer des Lateinischen mächtig war, war eindeutig im Vorteil – und wähnte sich häufig dem Rest der Menschheit überlegen.

Je gestelzter die Latinismen, desto besser konnte man sich mit ihnen schmücken.

Solcherlei Entwicklungen riefen Spötter auf den Plan, die die lateinische Sprache zu verballhornen begannen. Die »Dunkelmännerbriefe« (Epistolae obscurorum virorum) aus dem Jahr 1515 zum Beispiel, verfasst in grauenvoll fehlerhaftem Küchenlatein, oder Andreas Gryphius' »Horribilicribifax« (1663) sind Belege einer solchen Verballhornung. Auch bei Lateinschülern und Studenten waren solche Sprachspielereien ausgesprochen beliebt – und das keineswegs nur in deutschen Landen.

Im englischsprachigen Raum, so dürfen wir vermuten, ist irgendwann im 17. Jahrhundert im Kontext dieser Küchen- und Pseudolateinentwicklungen aus dem englischen »cock« für »Hahn« ein »cockalorum« geworden. Dieser Begriff veränderte mehrfach seine Bedeutung, wurde schließlich jedoch im Sinn von prahlerischem Auftreten und eitlem Gockelgehabe benutzt. Aus »cockalorum« wurde dann – unter Einbeziehung der lautmalerischen Komponenten eines Hahnenschreis – das bis heute bekannte »Kokolores«, das vor allem mit der Bedeutung »Blödsinn«, »Unfug«, »Unsinn« oder »törichtes Gerede« benutzt wird. In dieser Bedeutung – und in zuweilen leicht modifizierten Schreibweisen (Gockelorum, Kuckolores, Kokulores, Kuckelöres) – findet sich das Wort in vielen deutschen Dialekten.

Woher kommt die »Krawatte«

UND WELCHE VERBINDUNG
HAT SIE ZUM DEUTSCHEN BUNDESTAG?

---

*S*ie ist so viel mehr als nur ein kleines knallbuntes oder dezent gemustertes Stück Stoff, so viel mehr auch als ein schickes und elegantes Accessoire der Herrenmode. Um kein anderes männliches Kleidungsstück ranken sich so viele Legenden und Klischees, kein anderes erntet zugleich so viel Spott und Hohn wie sie. Sie gilt als *das* Symbol der Männlichkeit, als Ausdruck von Macht, Erfolg und Disziplin, als Phalluszeichen oder schlicht als bürgerliche Schlinge um den Hals der Männer.

Das Wort »Krawatte« ist aus dem Französischen entlehnt und geht dort aus einer Redewendung hervor – »à la cravate« –, die so viel bedeutet wie »auf kroatische Art«. Der Legende nach gab es am Hof des französischen Sonnenkönigs Ludwig XIV. eine kroatische Reitergarde, die wegen ihrer Tapferkeit hohes Ansehen genoss. Zur Uniform der Kroaten gehörten Halstücher, die besonders kunstvoll geschlungen waren. Dieser Stil machte Mode. Fortan trug, wer auf sich hielt, ein »à la cravate« geschlungenes Tuch um den Hals.

Modehistoriker haben inzwischen hinlänglich bewiesen, dass die »Krawatte« in Wirklichkeit viel älter und keineswegs nur bei kroatischen Soldaten üblich war. Schon die römischen Soldaten hatten ihr »focale«. Und Illustrationen aus der Zeit des Dreißigjährigen Krieges zeigen die dort im Einsatz befindlichen Offiziere und Generäle ebenfalls mit Halstüchern als

Teil ihrer Uniform. Vom schmückenden Uniformbeiwerk zum Luxus- und Schmuckobjekt der Herrenmode war es ein weiter Weg, gesäumt von vielen Moden, vielen (Knoten-)Vorschriften und Kleiderordnungen.

An der Frage, ob und wo und in welchem Kontext der Mann sein Outfit mit einer Krawatte komplettieren müsse, scheiden sich die Geister. Die Schriftführer des Bundestags jedenfalls sind seit 2014 vom Krawattenzwang befreit. Zu verdanken haben sie das zwei Frauen: Claudia Roth und Petra Pau.

Wen bezeichnet man als »Schickse«

UND WARUM HATTE SIE LANGE EINEN ZWEIFELHAFTEN RUF?

Hey, Alter, kommst du mit, zeig ich dir meine Schickse, okay? So oder so ähnlich könnte es klingen, wenn heute irgendwo in Berlin oder Dortmund oder Gelsenkirchen zwei junge Männer miteinander reden und der eine dem anderen stolz seine jüngste Eroberung präsentieren will. In der Jugend- und Szenesprache feiert die »Schickse«, die fast aus dem Sprachgebrauch verschwunden war, ein Comeback – und zwar mit zweifacher, durchaus gegenteiliger Bedeutung: Im zitierten Beispiel steht das Wort für »Freundin« und ist durchaus anerkennend gemeint (eine aufregende, sexy Frau). Im anderen Fall ist »Schickse« genauso abwertend gemeint wie »blöde Tusse«.

In dieser negativen Bedeutung schließt sich die Brücke zum Ursprung des Wortes, der im Hebräischen liegt und dort für »Unreines« oder »Abscheu« stand. Eine Schickse hatte in strenggläubigen jüdischen Familien einen miserablen Ruf – und hat ihn bis heute, wie der junge Schweizer Autor Thomas Meyer in seinem Roman »Wolkenbruchs wunderliche Reise in die Arme einer Schickse« anschaulich zu erzählen weiß: Motti Wolkenbruch, Meyers Protagonist, hat, obwohl im besten heiratsfähigen Alter, bisher vergeblich nach der Frau fürs Leben Ausschau gehalten, sehr zum Verdruss seiner Mutter, die sich redlich Mühe gibt, Motti eine geeignete Kandidatin zuzuführen. Und dann geschieht die Katastrophe: Motti verliebt sich an der Uni Zürich in Julia. Und Julia ist – eine Schickse, eine Nichtjüdin …

Auf dem Weg vom Jiddischen über das Rotwelsche in die Umgangssprache ist aus der Nichtjüdin eine Frau von zweifelhaftem Ruf geworden, ein »Flittchen«, auf die man – in Zeiten strengbürgerlicher Moral bis in die 1960er-Jahre – mit dem Finger zeigen durfte. Von solch moralischen Implikationen sind die »Schicksen« von heute befreit. Und vom Geschwätz der Leute haben sie sich eh emanzipiert.

Was verbindet »Tabu« und »Kanake«

UND WESHALB HABEN SIE EINE SO WEITE REISE HINTER SICH?

Zur Inselwelt Polynesiens gehört Bougainville, eine knapp 9000 Quadratkilometer große, dem Archipel der Salomonen zugeordnete Insel. Dass sie den Namen eines französischen Kapitäns, Louis Antoine de Bougainville, trägt, ist alles andere als Zufall. Der französische Seefahrer war 1768 einer der ersten Europäer, der in die faszinierend fremde Inselwelt Polynesiens vordrang. Ihm folgte, nur ein Jahr später, der Engländer Captain James Cook.

Auf die Spuren dieser ersten Seefahrer begaben sich Händler, Kaufleute und Abenteurer, nicht selten unter Einsatz ihres Lebens. Kehrten sie unbeschadet nach Hause zurück, brachten sie Geschichten mit von den »Kanaken«, den Ureinwohnern der Südseeinseln. Die Bezeichnung geht auf das polynesische Wort für Mensch (kanaka) zurück.

Angesichts der in jener Zeit üblichen westlichen Arroganz, alle nicht der eigenen Zivilisation zugehörigen Menschen als »Wilde« abzustempeln, kann man sich gut vorstellen, dass schon in den Anfängen dem Wort »Kanake« ein negativer Beigeschmack beigemischt war. Und so – mit einem bedenklich negativen Unterton – hat es sich erhalten, auch wenn damit heute nicht nur die Fremden in der Ferne, sondern auch die als Migranten zu uns kommenden Fremden gemeint sind.

Aus der gleichen Zeit und der gleichen Erlebniswelt stammt das Wort »tabu«, das der polynesischen Tongasprache entlehnt ist. Dort bedeutete es so viel wie »geheiligt«. In die Völkerkunde fand der Begriff Eingang zur Beschreibung von Lebewesen und Objekten, die so magisch, überirdisch, heilig waren, dass ein Mensch sie nicht berühren durfte. Aus der Fachterminologie ist das »Tabu« dann in die Standardsprache eingegangen – und steht dort heute vor allem für Themen, über die nicht gesprochen wird oder werden soll.

Was ist »Tohuwabohu«

UND WIE SCHAFFTE ES DEN SPRUNG VOM KOSMOS INS KINDERZIMMER?

Was verbindet einen Zirkus, ein Theater, eine Marching-band, ein Spiel und einen Roman von Tom Sharpe? Sie alle tragen denselben Namen: Tohuwabohu. Wer bei Klang und Rhythmus dieses Wortes afrikanische Ureinwohner zum Wirbel magischer Trommeln tanzen oder Rothäute auf den Kriegspfad ziehen sieht, liegt gründlich falsch. »Tohuwabohu«, das uns im Französischen als »tohu-bohu« und im Englischen als »tohobohu« begegnet, wird heute im Sinne von »wildem Chaos«, »großem Durcheinander« oder »Wirrwarr« benutzt. In dieser Bedeutung begegnet das Wort uns auch schon in Texten des 19. Jahrhunderts. »Tohuwabohu« kann überall herrschen, im Kinderzimmer ebenso wie in der Politik. Und das Schöne ist, dass der Tonfall des Wortes lautmalerisch gleichsam schon den beschriebenen Zustand vorwegnimmt.

Um uns dem Ursprung des Wortes zu nähern, müssen wir weit zurückgehen, bis in biblische, alttestamentarische Zeiten. Dort – und zwar in der Schöpfungsgeschichte, im ersten Buch Mose – begegnen uns die Sätze: »Am Anfang schuf Gott Himmel und Erde. Die Erde aber war wüst und leer, Finsternis lag über der Urflut und Gottes Geist schwebte über dem Wasser.« Dem »wüst und leer«, wie es in der Übersetzung von Martin Luther anzutreffen ist, entspricht das Hebräische »tohu va vohu«. Es beschreibt in der Heiligen Schrift den Zustand eines maximalen Urchaos, das der ordnenden und strukturierenden Hand Gottes bedarf. Dabei steht »tohu« für »Wüstheit«, »va« bedeutet »und« und »vohu« steht für »Leere«. In anderen Bibelübersetzungen finden wir für diesen Begriff auch die Übersetzung »Irrsal und Wirrsal«.

Vom kosmischen Tohuwabohu zum heillosen Durcheinander im Kinderzimmer braucht es (sprachlich zumindest) manchmal nur einen Schritt.

Register

„Ein kulinarisches Schmankerl mit literarischem Anspruch."

Brikada. Magazin für Frauen

Duden
Die Tomate und das Paradies
192 Seiten mit Illustrationen. Hardcover

Sprache erzählt die schönsten Geschichten

„Fürwahr, eine pläsierliche Lektüre!"

Duden
Versunkene Wortschätze
134 Seiten mit Illustrationen. Broschur

www.duden.de